THE AFTERLIFE OF DATA

CARL ÖHMAN

WHAT HAPPENS TO YOUR INFORMATION WHEN YOU DIE AND WHY YOU SHOULD CARE

雲端亡魂

往生者的數位個資
與AI時代的生命思考

卡爾・歐曼——著
傅文心——譯

獻給瑪麗（Marie）

目次

試讀推薦

幾年前，我做過一則報導：一位悲傷的父親，用ＡＩ技術將早逝女兒的聲音與影像，轉化為一個能互動的數位助理，好讓熟悉的嗓音能繼續在家中迴盪。

報導迎來了廣大迴響，許多人分享著類似的渴望，希望為因癌症早逝的母親、插管無法言語的祖母，留下健康的聲音與影像。

科技正以前所未有的方式，介入我們處理失去與記憶的方式。而《雲端亡魂》恰恰為這則報導所見證的現象，提供了一個宏大而深刻的歷史與哲學座標——作者將我們比作「新納圖芬人」，如同遠古先民將亡者骨骸納入居所，我們也正透過社群媒體、雲端相簿、甚至ＡＩ生成的數位替身，將逝者「帶回」我們的生活，賦予數位永生。

書中提出的「後死亡處境」概念，精準描繪了這個亡者足跡無所不在、隨時可及的新現實。但這不只關乎個人層面的哀悼與慰藉，更觸及了更廣泛的議題：誰有權決定數位遺產的去留？當利潤導向的私人企業掌控著集體的數位記憶庫，甚至形成「數位身後產業」，過去的未來又將屬於誰？

這本書不僅解釋了科技如何重塑我們與亡者的關係，更迫使我們思考身為「檔案公民」的責任——這正是我在採訪第一線感受到的、許多人的疑問。

——陳芳毓，《天下雜誌》未來城市頻道總監

《雲端亡魂》一書深刻探討在ＡＩ時代，我們留下的「數位遺物」所引發的數位倫理議題。臉書上「數位遺物」的未來檔案庫堪稱人類行為的全球性檔案，如同美劇《黑鏡》中經常呈現的科技反思，當ＡＩ能夠分析甚至模

擬我們的數據，創造出某種形式的「數位分身」時，我們該如何看待這些逝者的數位存在？

從立法的角度來看，全球大部分國家的現行法律對於「數位遺物」的處理仍有許多模糊地帶，例如究竟誰擁有或有權控制逝者資料？這些豐富資訊或語料，到底算誰的所有物或人格？本書提醒我們，如何管理、繼承甚至「處置」這些數位資料，已是迫切需要面對的課題。這不僅關乎個人隱私，更牽涉到社會對於死亡與記憶的重新定義。筆者雖然曾撰寫關於數位遺產、ＡＩ復活等文章，例如在某些情況下，逝者的繼承人可能擁有對其資料的控制權，但仍僅在法律層面稍微著墨，但本書的探討不只法律，更觸及人類歷史、社會、哲學、經濟等思維角度，提供宏觀的視野。

本書以其獨到的視角，引用許多重要的案例，帶領我們深思在ＡＩ與社群媒體高度發展的今日，如何建立健全的「數位倫理」，尊重逝者的數位意願或資訊自主權，並為後代留下一個有意義的數位歷史。甚至作者認為在我們處於Web2.0的時期，應有去中心化管理的措施，且我們每人應有身為「檔案公民」的自知與責任。就此，筆者推薦本書給所有對ＡＩ資料、數位分身及自身社群媒體足跡感到好奇與關心的人，相信本書能讓讀者在ＡＩ時代重新省思生命的意義與價值。

——陳建佑，資鋒法律事務所所長

推薦序

成為好祖先的協定

曹馭博（詩人／小說家）

「文化透過逝者的力量延續了自身。」（Culture perpetuates itself through the power of the dead.）

——哈里森（Robert Pogue Harrison），柏森試譯

初閱讀此書時驚訝地發現，作者大量引用了義大利人類學者哈里森的論述，尤其是從《死者的領地》（*The Dominion of the Dead*，書名暫譯）一書中，從考古經驗切入到現當代人類面臨到的問題：我們該怎麼面對「他者」的

數位遺物，以及這些數位遺物有什麼影響力。

談論遺物，必談死亡，《雲端亡魂》這本書並非教會我們怎麼面對商品的轉移——使用「遺物」而不是「遺產」一詞也許就意味著，我們不應該從商品概念去看待數位生活。它應該是我們人格養成，以及新形態社會建構的一部分，並且從文化層面來討論死這件事——除了探討現今的資訊安全或隱私問題，更核心的部分在於談論死之後的事情與概念：死，並不是消失，它比遺留更加強悍，是延續。而我們這個時代將要面臨的是，當我們死亡，那個在網路上延續下來的「自己」該何去何從？

這讓我想到日本藝人菅田將暉曾在日劇《dele刪除人生》飾演「刪除人生」事務所的助手，其業務就是協助顧客在去世之後刪掉不想讓人看到的資料。他需要潛入身故人的家中，或是喬裝自己與死者的身分。他非但不能讓其他人看到這些資料，也要成功將這些資訊刪掉。道理很簡單，這些硬碟、雲端、網路中的資料與文字，是組成自己的一部分，甚至比平常的自己還要真實——身故人周遭的親朋好友會千方百計阻撓，甚至窺探身故人的秘密。

或許我們可以說，身為一位父母親或伴侶，本來就有窺探親近之人的好奇心，但讀者們不妨轉念一想，人類為什麼下意識想要窺探死者隱私，除了滿足好奇之外，是否有更裡層的機制是我們不曉得的？

最簡單的答案是：因為生者從未真正瞭解死者。

本書前半提到一個很重要的概念：數位遺產在美國與歐洲的法律中，定義是完全不同的，前者是財產，後者是人格權——若以財產來看，我們的數位足跡不過是資本家的數據資料，我們在網路上發言，就像買了一個互通有無的樹洞，往裡頭傾倒的語言垃圾，大家都看得到；若以人格權來看，即是我所說的一切，我所寫下的一切，就算是廢文與抱怨文，也都組成了我漫長一生的局部。

當我們看見亡故的親近之人曾經居住的房間，也許是多座小山的垃圾堆，滿地的便當盒與鋁罐，以及各種腥臭沾黏的液體——但我們的目標是死者的電腦或手機平板裝置，因為我們相信，這些髒亂並不代表他的人生；他的人生應該還在我眼睛所看到的表象之外，存在於其他地方：網路上的言論、攝影的照片、喜歡的書籍、蒐集的珍藏品……

在法國電影《美好的早晨》（*One Fine Morning*）中，當女主角的父親因疾病失智，要被送到養老院時，前妻與現任妻子開始討論是否要把父親故居中的藏書丟掉，唯有女主角堅決反對：「是這些書組成了我的父親。」這些藏書可真豐富：卡夫卡、齊澤克、海德格、黑格爾……足以讓旁觀者想像出一個哲學教授的父親形象。這位父親的一生因為這些書中的思想，嫁接出更多生命經驗；思想被延續了，視野擴充了，使得庸碌的人生體驗變得與常人不一樣——日語有一個詞彙「追體驗」，意為能夠藉由閱讀、觀看或感受藝術品，來延長自己的體感經驗。我們每一個人的一生，就是一件無可複製的藝術品，尤其在資訊更容易取得甚至超載的年代，我們更想去瞭解，他者突然被中斷的餘生。

於是，這樣的追體驗企圖，讓我們漸漸不害怕死亡。社群媒體讓我們回到一種「返祖」生活：一個被死者環繞的社會，就好像石器時代的人們，與先祖的遺骸共居。社群媒體上的帳號一個個變成「紀念帳號」（已亡故），我們可以輕易地觀看這一座座數位墓碑。但其實現代社會是很害怕死亡的，我們害怕屍體，擔心一切關於死亡的事物圍繞在身邊，死者被移除於生活領域。天天都有死亡發生的世界中，社會卻盡可能讓人們不注意到死亡的存在；人們逐漸將死亡當作禁忌或問題，而非自然生命的一部分。但社群媒體與網路解開了「忌死」的狀態。突然，我們好像願意觀看過去的時間——死者的時間。當一個人死亡，甚至當我們剛剛認識某個讓自己傾心的名人，但他早已逝世，我們會貪婪地去搜尋他的社群媒體、部落格等等數位足跡。

例如我有一段時間很著迷於小說家袁哲生，除了閱讀他所有的作品，我還想知道他未曾發表在紙本上的東西。我在「痞客邦」找到了他生前發表的閱讀札記，我好像能短暫獲得他的閱讀視野，也能藉由互文去共情他所關心的一切。那一段時間，我很痛苦。不只是延遲的死訊讓我陷入哀悼的情緒（儘管現在看起來很沒必要），而是我的時間感好像因為搜尋了大量死者的回聲，逐漸放緩了。

人類具有一種特殊的感受能力，那就是我們擁有時間感：將自己投射到一個名為「未來」的不存在之海，並且漫遊在名為「過去」的不真實大地。而痛苦延長了時間，就好像當我們面臨飢餓，便會瘋狂想起過去擁有飽腹的時刻，並寄望將來不會再有這種感受。數位遺產的問題也許還有這個方向：不再忌死，但偶發性陷入哀悼，因為我們擅自繼承他者的時間，並在痛苦中，讓自己的時間延長：我們庸常的餘生會因某人的生命定格而延長，儘管這段傷停時間很痛苦，但足以讓我有一小段感官上的時間暫緩，去重新思考下一步該麼走。

在哈里森的論述中，死者其實是來幫助我們重新奪回時間：只要我們回顧那些關於毀滅的各種景物（無論是想像中的還是現實），都可以把這份想像力回到人性的考量上——例如廢墟或大海，在各民族的書寫中都是末日與啟示的意象，道理很簡單：廢墟比先祖曾經棲居的世界更持久一些，而大海比先祖所處的環境更橫亙。廢墟是人類存在的集合，廢墟的奇觀揭示了毀滅的事實，但同時也揭示了生存的事實——每當我們重新重視它們，就會重新開啟與繼承前行人類的時間。

波蘭有一位我很喜歡的詩人赫伯特（Zbigniew Herbert）曾說：「我是地球公民，不僅是希臘人和羅馬人的繼承者，還是幾乎所有無窮時間的繼承者。」他的演講稿〈The Pact〉（我嘗試翻譯成「協定」），描述某個考古學者發現石器時代中期的一副人類骨骼，他全身受損，似乎是遭受野獸攻擊後死亡，其右臂安放一條五個月大的小狗骸骨，也同樣骨骼受重傷。考古學者判斷，他們是一同狩獵時遭受重傷，家人將其埋葬，而入殮的姿勢就像是狗主人單臂將狗兒攬入懷中。以當時的情況而言，這座墓場可能就在族人的居住地附近，甚至就埋在居住地正下方。這是一份愛的協定——愛被延續了，時時刻刻放在我們身邊，狗兒永遠是我們的銘記，牠們的墓塚足以讓我們擁有歸屬感。

死者延續（或者打造）文明，網際網路就是新的居所。各位可以想像現在存留在伺服器中的「論壇」，就是一座座廢墟，紀念帳號就是如同前述說的石器時代的人們，留下了愛的協定。我們的哀傷模式不斷變動，在線上的失落表達也日益更新。儘管死者的肉身消亡，但他們的存在會持續在社群媒體上發酵，變成一個死者國度，我們可以輕易地使用手機進去參訪。只是未來唯一要擔憂的是，這份參訪的權利，是否會完全掌控在資本家手上？畢竟，在一個逐漸以情緒變現的年代，歸屬感可能是最好發大財的所在。這本書也許是網路世代居民必修的一門課，因為這不是對未來的預測，而是現在進行式：成為優秀的檔案公民、注重隱私人格權、重視自己的身後事——這是現代社會的全新考驗：成為一名好祖先，並思考自己該留下哪種協定，因為你的一舉一動，都會影響到後世。

導讀

雲端記憶的壟斷政治：數據資本主義下的數位亡靈

蔡蕙如（臺大新聞所副教授）

二〇一八年由山田孝之與菅田將暉主演的日劇《dele 刪除人生》，以一間專門在客戶死後刪除數位數據的事務所為主軸，主打「為你刪除見不得人的紀錄」服務。每一件委託案，都是某個人對「死後不要留下數位資料」所做的最後安排。當時這部劇的世界觀仍建立在個人裝置的邏輯上——一臺筆電、一顆硬碟、一支手機。問題焦點是隱私與尊嚴，以及透過「刪除鍵」為數據設定結束的界限。

「即使你已死去，你的手機和電腦依然活著。」

——《刪除人生》

劇中這一臺詞所暗示的，是個體死亡與數據存續之間日益分離的現實。《刪除人生》講的是如何將死者從數位中「退出」，但讀者眼前這本《雲端亡魂》描繪的，則是當代平臺治理如何使死者不斷被「保留」與「再現」。往生者留下的，不只是幾份可控的個人檔案，而是一整套可被平臺存取、運算、延展的數據宇宙——成為演算法素材、推薦系統參數，甚至被用作未來生成式ＡＩ的訓練數據。這種從「刪除」走向「再利用」的治理邏輯轉向，不再只關於遺忘與尊嚴，而是構成我們這時代最具張力的文化技術挑戰，關於資料控制、記憶權與平臺主導的再現政治：死者的數據生命仍持續運作，而我們對其命運的掌握卻越來越少。

亡者未歇，數據未亡：數據如何讓死者「繼續工作」

我們活在一個死者仍然在線、數據永不休眠的時代：死者未曾真正離開，因為他們的數據仍持續「在場」。親人離世不再意味著生命終結，而是數據生命的延續——LINE每年提醒我們某人的生日、Facebook自動彈出「你與某某的回憶」，這些都是日常熟悉的介面互動，但當這些人其實已經過世，它便不再只是「回顧」，而是一種技術性「召喚」。二〇二四年藝人包小柏將亡女留下的三句英文語音訓練成AI對話模型，稱之「重現數位版的女兒」；二〇二五年已故韓國藝人金賽綸的AI告別影片，強調「運用AI技術讓金賽綸開口向大家告別」。這些例子不是例外，而是科技如何重塑生死邊界的明證。

這些死者的數據，從來不是靜止紀錄或被動紀念物，而是一種會觸發情緒、引發互動，甚至被平臺重新運用與再生產的存在。死者數據參與我們的情感生活，也參與平臺的運算邏輯。它們不只是供人懷念的紀念，而是會「動起來」的數據節點——被我們點擊、觸發，也被平臺推薦、學習與收編。AI模型訓練、語音合成、互動設計等技術，把死者數據轉化為語料、資源與再現的可能性；死者不再只是「被記得的人」，更是數據經濟中可被操作的行動者。

主導再現過程的往往不是死者，也不只是遺族，而是一整套跨越法律、平臺、文化與演算法的複合治理機制，本書作者歐曼（Carl Öhman）稱之為「後死亡處境」。歐曼希望提醒我們：死亡不再是終點，而是資料治理的起點。死者不僅被懷念，更被格式化、模擬化、再現化。他們以各種形式「回來」，但並不以他們自己想要的方式，而是被以平臺認為可流通的形式「重組」，成了推薦系統的參數，甚至成為數位哀悼儀式中的觸媒，在某些宗教或商業設計中扮演新角色。

我們與死者的關係，也因此變了調。悼念不再是私人紀念，而是一場持續在線的互動；點讚與留言不只是追思，也是平臺收集行為數據的素材。死者彷彿在網上「活著」，但這種存在是被人為治理的——是被平臺邏輯、資料分類系統、文化使用習慣共同決定的數據生命形態。死亡，不再是結束，而是資料重組的開始。

從灰燼到雲端：現代性如何馴化亡靈，平臺如何牟利？

歐曼認為，義大利解剖學家布魯內蒂（Lodovico Brunetti）一八七三年發明的火化爐，不僅是殯葬科技的革新，更標誌著現代國家開始以科層治理的邏輯正式接管死亡管理權。這座高溫爐不僅能將屍體徹底焚盡，更宣示一種全新的死亡處理邏輯——從宗教與親族主導的哀悼，轉向以效率、空間、衛生與經濟為名義的科學與國家治理。火化不再是禮敬死者的文化實踐，死者身軀也不再只是哀悼與懷念的對象，而是現代社會以「理性」為名予以處理、壓縮、理性化的社會問題。正如書中引用的湯普森爵士（Sir Henry Thompson）所說，屍體若不再為死者所用，便應被活人有效運用——最好還能產出經濟利益。

這段歷史不只是醫療與殯葬的技術轉型，更揭露了死亡如何成為資本主義體系的一部分。歐曼借用英國學者特瓦耶（John Troyer）的觀點指出，自十九世紀後期開始，一整套圍繞死亡展開的新產業正在成形：火化爐、防腐科技、紀念攝影、遺體管理，甚至包括今日的數位紀念平臺，都是將死者轉化為可計算、可操控、可商用資源的技術與制度。這正是歐曼稱之為「生人體系」的起點：死亡從此不再屬於死者，而是服務於生者——更確切地說，是服務於技術官僚與資本主導的現代體制。

若說十九世紀的火化爐將死者從地表「物理地」抹除，那麼今日的平臺技術則進一步將死者「數據化」，並在演算法、數據倉儲與平臺規則之下完成「再利用」。從這個角度看，Meta、Google、Amazon 等科技巨頭延續的，正是那套將死者編碼為社會秩序資源的邏輯，只是如今這套邏輯以「數據資本主義」（data capitalism）的形式運作。平臺接收、儲存、排序、再現死者的數據，不是為了紀念、悼念或歷史延續，而是為了產出新的互動數據、訓練AI模型、增加平臺黏著度，甚至直接納入推薦演算法作為資源池。

這種數據經濟是平臺資本主義的基石——將一切人類活動（包括死亡）轉化為數據，再從中萃取剩餘價值。祖博夫（Shoshana Zuboff）筆下的「監控資本主義」在這裡被推向極端：數據就此成為永不凋零的材料，雖不直接作為商品，但已是平臺資本積累過程中不可或缺的原始資源。我們不僅是在世時的點擊與數位軌跡遭人監控，就連死亡後的數據殘餘也繼續被使用、分析、挪用。亡者的數據彷彿無人擁有、無人代理，於是平臺便得以自然地占有與操作，彷彿「死者」是平臺的自然資源，無需道德回應，也無需法律授權。

歐曼指出，當前亡者數據資料的治理缺乏民主參與：平臺公司自行制定數據政策、決定誰的帳號保留，誰的影像消失，誰能紀念，誰被遺忘。這些決策往往不透明、不公開，也不容異議，而是由平臺依據其內部商業考量與社群策略所制定——與其說是公共記憶，不如說是數據主權的私有化與價值排序的壟斷。在這樣的資料結構裡，記憶不再是一種文化資產，而是一種平臺資產。死者的數位存在只要能對「活人市場」產生價值，就能獲得能見度，反之便隨即被捨棄。這也讓我們不得不問：當平臺主宰記憶，控制遺物，編碼亡者，誰還能決定如何記憶一個人？

被記住的特權：雲端時代的記憶政治與歷史排除

歐曼認為未來的歷史記憶將來自雲端，這不僅是對技術未來的預測，更是對記憶權力重新分配的深刻批判。在數位平臺成為主要記憶載體的今天，歷史的存續不再由國家檔案館、圖書館或公共文化機構來決定，而是仰賴少數科技巨頭的演算法、內容政策與商業考量。記憶看似去中心化，實則已被平臺中心化地重新分配與排序。

雲端紀錄提供了一種虛幻的平等感：好像每個人都能在數位世界留下痕跡、建構個人歷史。事實上，能否被記住、是否可見，完全仰賴平臺演算法的運作邏輯——它偏好可變現的內容、與主流價值一致的論述，以及能觸發更多互動與停留時間的資料。這不僅形塑了什麼是「值得紀念的」，更在無聲中排除那些不符合資本利益或政治正確的記憶形態。記憶因此變成一種被壟斷資源，一種只能透過平臺審核才能進入未來文化檔案庫的特權。這樣的資料治理，表面民主，實則排除，成為一種記憶的階級制度。

就像英國左翼文化研究學者霍爾（Stuart Hall）所說，「示現」（representation）從來不只是現實的再現，而是權力鬥爭的一部分，是一場意義控制權的爭奪戰（Hall, 1997）。數位時代的記憶機器，誰能說話，誰被可見，誰留下痕跡，誰又被歸類為「噪音」或「無關重要」而被清除，這些都不是技術性問題，而是文化治理與意識形態控制的延伸。而在美國傳播學者凱利（James Carey）所強調的文化觀點中，傳播本身是一種社會儀式，是文化與認同的日常重申。因此，當這些儀式被交付給平臺進行技術治理，平臺就不只是數據儲存者，而是文化秩序的再製者與審查者。當平臺取代了傳統公共機構成為歷史的記憶機器，它也同時成為了記憶排除、歷史抹除與文化重寫的節點。例如二〇一九年六月《中時電子報》因刊出一篇回顧「六四事件」三十週年的文章，遭中國網路防火牆全面封鎖。僅僅兩天，該媒體即透過人工審查，刪除網站上所有提及「六四天安門事件」的報導、評論、輿論與書評。這並非單純的資料刪除或關鍵字清洗，而是一場有意識的記憶消除工程：既包括歷史敘事的掩蓋，也反映平臺背後的政治經濟結構如何決定誰的記憶可以留存、誰的歷史該被抹除。

這個例子不僅直指政治審查對新聞自由的干預，更透露數位記憶本身的極端脆弱性。數位檔案看似永存，實則仰賴平臺與資方的選擇性維護；儲存在雲端的歷史能否成為未來記憶的一部分，不再是公領域的共同協商，而是由私營基礎建設所掌握的權力來決定。這不只是封鎖一篇報導，而是透過技術性與制度性操作，將某一群體的歷史經驗逐出可被使用者存取的文化記憶公共領域。六四事件相關的歷史痕跡被從搜尋結果與資料庫中抹除，象徵著整起事件從「可見的歷史」降格為「不應被記得的資料」。數據資料存在不再等於歷史存在，因為歷史是否能被「看見」，取決於平臺控制與資本支配下的政治選擇。雲端不只是儲存記憶的地方，而是記憶治理的基礎設施；文化遺產是否能進入未來的檔案體系，不再取決於其歷史意義，而取決於它對當代資本與權力結構是否有利。

圖1將「死者數據」置於兩條關鍵治理軸線的交會處。縱軸反映的是數據主體性的轉變光譜：從具備文化參與和記憶代理能動性的被主體化數據，逐步滑向被平臺擷取與語料化的商品化殘餘。橫軸則揭露資料治理的驅動邏輯：從由情感、哀悼與文化實踐出發的人類導向，一路延伸至由平臺系統、技術規則與資本計算主導的自動化機制。這張圖所描繪的不是靜態分類，而

是死者數據在數位治理體制中所被置放、調度與再現的動態位置。它們既可能是公共記憶的觸媒、哀悼行動的文化裝置，也可能成為平臺再推薦與演算法模型的無聲素材。這些轉化不僅模糊了生死界線與主客位階，更凸顯出數據命運並非自然延續，而是平臺設計、使用者互動、商業邏輯與文化規範交織而成的治理場域。亡者是否被紀念或被利用，正是我們所處平臺資本主義時代的關鍵倫理議題之一。

前面三節分別分析了死者數據在文化中介、記憶治理與平臺運算中的多重角色，圖1則進一步梳理這些意涵在治理邏輯下的分布與重組：從情感驅動的紀念實踐，到技術與資本邏輯主導的數據擷取與再生產。這不僅揭露死者如何被平臺操作為語料、參數、記憶的節點，也凸顯出數據主體性在死亡之後的模糊與消解。這張圖不只呈現死者數據的治理處境，而是更普遍的數據主體性危機。當平臺透過類似邏輯處理活人數據——推薦、歸檔、再利用，甚至預測行為——我們就是在見證一種「全面平臺化的數據命運」出現。死

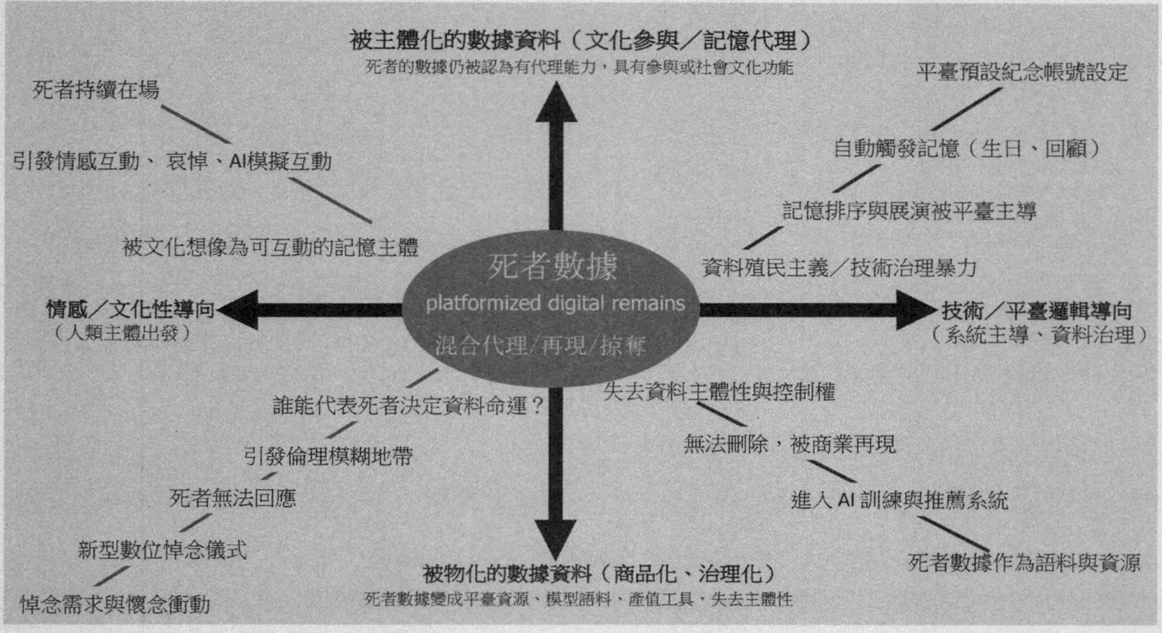
被主體化的數據資料（文化參與／記憶代理）
死者的數據仍被認為有代理能力，具有參與或社會文化功能
死者持續在場
引發情感互動、 哀悼、AI模擬互動
被文化想像為可互動的記憶主體
平臺預設紀念帳號設定
自動觸發記憶（生日、回顧）
記憶排序與展演被平臺主導
資料殖民主義／技術治理暴力
死者數據
platformized digital remains
混合代理/再現/掠奪
情感／文化性導向
（人類主體出發）
技術／平臺邏輯導向
（系統主導、資料治理）
誰能代表死者決定資料命運？
引發倫理模糊地帶
死者無法回應
新型數位悼念儀式
悼念需求與懷念衝動
失去資料主體性與控制權
無法刪除，被商業再現
進入 AI 訓練與推薦系統
死者數據作為語料與資源
被物化的數據資料（商品化、治理化）
死者數據變成平臺資源、模型語料、產值工具，失去主體性

圖 1：死者數據的文化中介與技術治理張力

者無法反抗，也無從發聲，而我們這些活著的使用者，我們的數據能動性與主體權同樣遭到侵蝕。死者的沉默，預示的不是結束，而是一種尚未意識到的普遍未來。

結語：數據倫理與死亡的延續性：不死的數據主體？

死亡終結了肉身，但似乎未能終結數據的生命。歐曼在本書提出一個讓人無法輕忽的觀察：死者的數據資料不僅被保留，還被運用、重新包裝，甚至轉化為其他演算法的素材，成為運算邏輯的一部分，亦即某種形式的「數據主體」。死者的「在場」不再是象徵性的懷念，而是技術性、經濟性的存續。他們的語音、影像、對話記錄，成為ＡＩ訓練材料，參與下一代機器學習模型的建構。他們不再僅是紀念對象，而是資訊系統中可調用的數據主體，卻不具備任何主體權。

這種數據延續性的存在狀態，挑戰了我們對「死亡」的基本認識。如果數據資料仍具備可觸發性與功能性，那麼死者是否真的「離開」社會？當平臺可持續召喚死者的聲音與形象，模擬其行為與偏好，這些由數據重構的「亡者代理模型」，不也正是一種新型非人主體，是一種平臺脈絡下的被代理存在？歐曼拋出的問題穿透而直接：既然死者的數據仍被活用，為何他們不應獲得數據倫理的位置？這不只是哲學疑問，而是制度設計的迫切挑戰。

當前的數據資料保護法制普遍建基於「在世主體」的概念：權利、同意、知情、退出……全以活人為前提。一旦死亡，這套框架立即崩解。無人可主張權利，也無處可提出拒絕。在無法獲得當事人同意的前提下，資料被平臺恣意保存與再利用，甚至進入訓練模型、演算法庫。研究隱私權的美國學者尼森邦（Nissenbaum）所提出的「脈絡完整性」（contextual integrity），在這裡遭遇其極限：當脈絡提供者已經消失，誰來決定資料的「適當使用」？這個問題正暴露出資料治理邏輯的倫理真空。

所謂「資料正義」一詞，原本是一項有關活人身處不平等數位處境的倡議，如今，我們顯然必須將其擴展到亡者之域。歐曼提醒我們，「死者也需要資料正義」，而這並不是一則溫柔的道德訴求，而是一場對平臺治理核心邏輯的正面挑戰。死者數據早已被納入平臺體系，卻無從擁有代理權、發聲權與退出機制。他們是最沉默的數據主體，也是最頻繁被觸發、被學習、被重新包裝的演算法素材。

本書所談的「後死亡處境」，因此不只是對未來技術倫理的想像，而是對當前制度的結構性批判。我們不再能以「死者無需治理」為藉口逃避責任，也不應將這種數據延續性視為自然現象，而是視其為平臺資本主義下的治理技術與權力操作。畢竟，我們也終將成為數據亡靈，或說「雲端亡魂」。我們今天所留下的每一筆點擊、每一段語音、每一張自拍，在未來都有可能被挪用、再現、再演算。與其說「人終有一死」，不如說我們正進入一種「死也無法退出」的平臺生命形式。

當死者數據成為平臺語料庫的一部分，卻無從主張、無法退出，甚至難以討論其使用是否正當，我們所面對的，其實是一個技術與倫理共同缺席的治理真空。在臺灣，數位遺物的討論長期被壓縮在財產繼承或帳號存取的技術問題，卻鮮少真正觸及平臺如何重新編排死亡、決定記憶的存廢、壟斷再現的形式。現行法規停留在個資保護對象限於「在世者」的框架，公共討論也鮮少觸及「死者數據的治理主體性」與「數據生命的文化政治」等核心問題。死者逐漸失去作為「曾經有故事之人」的地位，被轉化為平臺可以計算、推演、訓練的數據殘留。這不只是對記憶公共性的忽視，更是對資料作為數位公共文化資源的再分配缺乏想像。當「雲端亡魂」已經是平臺資本主義下的普遍處境，我們該問的或許已不是如何保護死者數據，而是我們是否已準備好承認，記憶本身正在被平臺壟斷，爭奪數據公共主權的戰場，也已經從生者的世界延伸到往生後的世界。

開場　眾人之事

死者打造文明。

——歷史學家拉科爾（Thomas Laqueur）

新納圖芬人

生而為人，我們或許會這麼想像古早游牧時期的祖先：既然是游牧，代表得拋棄事物，任何帶不走的都得拋下——就算帶不走的是人，也照樣捨棄。一旦有人死去，不論老死、病死或暴力致死，都不會帶著走。屍骨就留在原地，任由土壤慢慢分解侵蝕。扛在肩上或拖在地上帶著走的事物，都必須為生者服務；回憶只留存心中。這短暫的生命，不停四處遷徙，並沒有留下太多空間供人長久紀念。人們無法留存死者的記憶，共同生活的群體最終會忘記曾經一起生活的個人。

等到永無止盡的游牧遷徙生活終於停了下來，事情就不得不有所改變。隨著第一批永久定居處建立，人們便不可能再遺棄過去。[1] 畢竟，如果沒有主動遠離死者，死者肯定不會自行走開。目前所知最早做出這一轉變的就是納圖芬人（Natufians），這群人居住的地方大約就是今日的以色列。如同多數舊石器時代晚期文化，納圖芬人採集野生穀物、使用石器。但納圖芬人與眾不同之處在於，他們率先採取某種奇妙的喪葬儀式，後來廣為新石器時代多個文化採用。屍體不再是直接留在沙地，而是和生者在一起，可能埋於住處地下，也可能葬在親戚家人相鄰的房屋牆壁中。更加駭人的是（至少對我們現代人而言是如此），死者的頭會另外取下加以保存，甚至裝飾。移除臉部肌肉，敷上石膏做一張新臉；挖出雙眼，空空的眼窩塞入貝殼。裝飾好的頭顱會放在生者居住的黏土屋內，其他無數顆同樣的頭顱則會相伴左右。[2]寒暑推移，活著的納圖芬人實際上會和好幾代祖先共享住處，牆面上有著一張張石膏臉，還有盯著兒孫看的閃亮亮貝殼眼。

這般靠近亡者，標記著人類歷史上的重大轉變。套句文評家哈里森（Robert Pogue Harrison）的名言，此一儀式為地上、地下兩個世界提供了平臺，藉此雙方得以相互理解。[3]此一儀式加強了亡者依然在世參與生者事務的感受，有人說正是這類儀式為人類文明打下基礎。新石器時代以來好幾千年，確實不停出現沒有那麼病態的頭顱移除新儀式。例如在羅馬貴族的喪禮上，有時會出現名為「鬼影」（imago）的彩繪面具，也就是用蠟壓印祖先臉龐製作的面具，演員會戴上這些面具象徵歡迎剛死之人加入歷代祖先的社群。在古埃及，屍體全身會施加名聞遐邇的防腐處理，埋在人類史上幾座最難得的建築奇蹟之下。某種程度而言，我們至今依然活在亡者的世界，因為我們繼續說亡者的語言，繼續在亡者的城市和土地棲身，繼續在亡者的遺產上發展。總之，不論人類在何地出沒，處理社群祖先的方式皆呈現了各自的文化。正如歷史學家拉科爾一言蔽之：「死者打造文明。」[4]

儘管讓死者（象徵地）出席居家環境的方式推陳出新，歷史的長期趨勢卻是死者逐漸遠離我們每日生活的空間。現代的死者鮮少露面，是以有學者稱之為「忌死」（forbidden death）的時代。[5]死者被視為破壞秩序的存在，不計一切代價都得隱蔽起來。沒有多少現代人（至少在較年輕的世代）看過屍體，更不用說親眼目睹他人死去。現代社群反而會放逐死者，將其移去那些我們不須時時想起的地方，除非碰到萬聖夜或偶一為之的喪禮。死者從日常生活中隱去，僅限於墓園和檔案館——嚴格說來雖然開放參觀，但也有可能遭人拋棄與遺忘。在現代社會，死者通常都藏在看不見的地方。

如今，情況有了變化。死者重回我們的居所，差別只在住的地方通常是線上平臺，而不是黏土砌成的房屋。亡者不再藉由牆上的頭蓋骨回瞪著我們，而是透過遺留在社群媒體上的個人檔案、智慧型手機上的相簿及日常線上活動所遺下的無數痕跡。死者永遠在場，還與日俱增——數量多到許多社群網站再過十幾二十年，死人頁面就會超越活人使用者的個人檔案數量。如果死者「打造文明」，那麼我們文明即將面臨的轉變，就看似與舊石器時代首批定居者經歷的相差不遠。我們正是新一代納圖芬人。

如何處理往生者的數位存在？

在數位媒體時代，留下紀錄成了社會常態。幾乎所有事情都會留下痕跡，不管有意或無意。我們用來溝通的社群平臺會追蹤所有行為模式和社會互動，娛樂用的串流服務會記住我們的音樂和電影愛好，信用卡會記錄我們的消費模式，Google約兩百五十萬臺伺服器當中的某一臺則會儲存我們的搜尋紀錄。[6] 即便是「離線」活動最後還是會存進伺服器。許多應用程式每兩秒就會傳送地理位置訊號，幾乎完美記錄使用者的去向。舉例來說，每臺iPhone都預先安裝了名為「健康」的應用程式，自動追蹤使用者走的每一步並記錄在雲端。如果你是一位蘋果手機使用者，世上某處存有一份數據檔案，可以相當精準地描繪出這些年來你有多健康（或不健康）。不論你是否頻繁使用網際網路，生活製造的數據只會不停增長，逐漸成形的數位影子只會跟你愈來愈像。

加總起來，這些數據成為近乎完美的印記，一個超現實的立體鬼影面具，只是不再是蠟製，而是零與一的二進位制。這一新版鬼影不同於人類肉身，也和蠟製品大異其趣，這些數位印記不會隨著往生而逝去。除非損壞或刻意刪除，否則數位印記會永遠完好，不受全體有機生物無可避免的命運左右。我們透過人稱「數位遺物」的遺留數據和死者相遇，不僅僅是面對一張象徵的面具，更是一輩子的數據，一具資訊豐富的屍體。[7]

與此同時，用來處理和「開採」個資數據的科技正在超高速發展。奉

「目標式廣告」之名，有一整個產業於焉誕生，致力於運用數據痕跡來預測使用者行為。最知名的例子或許是美國零售百貨集團塔吉特（Target），曾經透過一名青少女的信用卡紀錄，在雙親尚未發現前就預測到該名少女懷有身孕。[8] 這不是最好的範例，畢竟有些東西只有孕婦會購買。但得力於人工智慧ＡＩ的快速發展，目標式廣告已經取得長足進步。只要獲得足夠數據，今日的演算法或許可以在使用者自己發現之前就先預測懷孕。事實上，演算法運作得太好，好到讓許多人深信手機會「偷聽」對話，因為廣告立刻就出現他們剛提及的產品。其實只是現代人留下了成堆數據，搭配ＡＩ雷射般精準敏銳的效能，人類變得比自己所能理解的還要易於預測。如果不相信，只要登入OpenAI的ChatGPT，輸入一段你所寫的文字，再請ChatGPT用同樣風格重寫一段文字。如果看起來就像你會寫的文字，請別絕望。多數人都是如此好預測，他們寫的文字也是一樣。

事實上，這類預測式演算法根本不管一個人是死是活，只要有足夠數據，就能訓練演算法預測此人還在世時的說話與行為模式，或是聽起來會是什麼樣子。亞馬遜網站最近宣布語音助理Alexa多了一項新功能：只要提供短短一分鐘的錄音檔，Alexa就能用往生至親的聲音說話。荷蘭也有一項計畫，要利用藝術家林布蘭作品中所有可得的數據來製造「新的」林布蘭畫作。ＡＩ應用程式將會分析林布蘭風格的所有可能面向，包括光線、紋樣、筆觸、角度等，從這些模式中產生多數人都認為是林布蘭真跡的畫作；同一方法也被用來完成貝多芬未竟的《第十號交響曲》。事實上，有一套名為「歷史人物」的應用程式甚至可以讓使用者和希特勒與耶穌基督等過世的歷史人物「聊天」，對話內容自然是根據歷史上的已知資料。只要相對少量的數據，ＡＩ可以把任何人的遺產轉變成可互動的代理人。

當然，即便是最少接觸網際網路的使用者，留下的個資都比林布蘭和貝多芬還要多。如同林布蘭畫作的模式可以被複製，我們的數位遺物也一樣，只是細節更多罷了。一個人的性格可以從留下的數據中確實「提取」出來，甚至還有一個專門提供這項服務的產業正在興起，這點本書之後會再詳加解釋。麻省理工學院新創的公司「Eterni.me」就替使用者提供虛擬代理人，這些代理人根據使用者自己的設定檔建成，其談吐、外貌、行為就如同使用者本人。[9]理論上來說，這名人造代理人可以讓使用者獲得「虛擬永生」，甚至和後代聊天。另一家競爭公司「Hereafter AI」也提供相同產品，還有微軟公司最近也為類似產品申請了專利。不用多久，線上社交參與可能不再只是靜止不動的照片或資訊紀錄，而是由一位可以互動的代理人，「親自」回應每條新的輸入，或至少會繼續產生新內容。換句話說，在數位居所牆上盯著我們的臉孔，正開始用他們自己的聲音說話。

以上聽來或許比較像科幻小說而不是現實世界，但「往生後即自動存在於線上雲端」並非什麼遙不可及的未來幻夢，更不需要多頂尖的科技。這其實是一個逐漸普及的現象，多數都只要行動裝置便能運作，通常會和世界各種宗教文化習俗搭配。想想那些愈來愈熱門的伊斯蘭祈禱應用程式，這些新興服務會從訂閱用戶的社群媒體中自動發送祈禱詞（一種伊斯蘭祈禱形式）：只要訂閱，該應用程式就會替用戶打理好一切線上宗教參與，通常還會明確承諾在使用者死後繼續張貼祈禱詞。[10] 如同本書稍後會說明，這些應用程式每天產生數百萬條自動推文，而且愈來愈多是由死者張貼。與刻板印象正好相反，最常見的死後自動參與形式，其實並非來自什麼尖端科技或矽谷新創，而是源自古老靈性的祈禱日課。這些推文不見得都會明確標示自己來自往生後的世界，因為張貼的個人檔案就跟在世時沒有兩樣。你很可能已經看過亡者張貼的線上內容，只是你不知道而已。

然而，最根本的轉變還不是死者獲得新的互動能力，而是持續不斷的「可及性」（accessibility）。如今，多數人都有一位或多位朋友離世，這些朋友的面孔持續在社群推播中出現，又或者是我們會為了尋求慰藉而重複觀看他們的照片和舊訊息。與墳墓或實體照片不同，數位遺物幾乎隨處可得，而且擁有前所未見的資料精細程度。舉例來說，我幾年前過世的祖父，其實依然在我身邊。只要我想，隨時都可以拿起手機打開IG（Instagram），看他在瑞典山區滑雪的影片，聽他歡快的聲音，閱讀我們之間的對話，笑他在我那激動政治貼文下方留的諷刺言論——我甚至可以繼續在他的臉書（Facebook）動態牆上張貼圖文。一部分的他依然在那，幾乎所有我認識的人往生後都是如此。在乙太網絡中，往生者依然存在，隨時在大家口袋裡待命，就在那些你認識也固定聊天的人旁邊。你在哪裡，死者就跟到哪裡。

如同舊石器時代晚期出現的第一批永久定居處，亡者持續存在，標誌著我們和過往及往生者之間的關係有了重大轉變。一種與亡者相處的新模式出現了，我會在本書稱之為「後死亡處境」（post-mortal condition）。*我所說的「後死亡」，肯定不是指某種形式的數位永生，也不是說靈魂能藉由電子媒介繼續存續。這類想像已經成為所謂「超人類社群」的奇幻故事，這類社

---

* 編注：作者此處借用法國哲學家李歐塔所說的「後現代處境」（The Postmodern Condition）。

群相信數位革命是人類演化的下一步。然而，至少在可以預見的未來（或更遙遠的未來），這項想像依舊遠離現實。[11]我也沒有要主張數位遺物將會永遠留存，這些數據就和世上萬物一樣，依賴線路、伺服器、網路等實物而存在，[12]這些實物的使用年限都得遵循熱力學定律。我們的本質有限，而且永遠如此。後死亡處境指的是生者與亡者之間的關係出現改變，一種新的存在模式因應而生。在此模式之下，亡者的預設狀態就是持續參與生者的生活。不像此前用來保存死者的科技，諸如墓園、檔案館或相簿等，如今網際網路已不是我們需要刻意造訪及離去的事物。人類就生活在網際網路之中。今天世人不再說自己要「上網」，更不需要在沒有使用網路時說自己要「下線」，因為眾人無時無刻不相互連結，隨時隨地都在網路裡頭，即使沒有隨身攜帶手機或筆電，身旁可能就有已連上網際網路的車子、冰箱或電視。英國杜松子調查公司（Juniper Research）的白皮書預期，二〇二四年連網裝置總數將會高達八百三十億臺。[13]在如今這個由連網裝置所組成的巨大網絡中，與其說我們是在「上網」（online），不如說我們是在「線上生活」（onlife）。後面這個詞彙由哲學家弗洛里迪（Luciano Floridi）創造，代表某種所有事物隨時都唾手可得的存在模式——就連過去也輕易可得。[14] 數千年來頭一遭，生者可以透過網上互聯的資料庫，與死者住在相同的矩陣世界。曾經分隔此世和彼世的邊界，如今正在急速消融。

本書用「處境」一詞來形容生者與死者共存的新方式，是因為我們的社會對於要如何與過往世代的存在共同生活這件事，目前還沒有確切的答案。可以確定的是，這顯然不是倒退回到某種更自然的原始關係。芬蘭哲學家魯因（Hans Ruin）曾經提醒：「死者和生者之間的道德政治互動，永遠都會是一項沒有標準答案的挑戰，不只是會不會與死者同在二選一而已。」[15] 對此我非常認同，只不過這項挑戰從來就不是中立而無害的抽象思考，而是顯現在科技和物質環境之中。死者是在這些情境下持續存在。嚴格說來，網際網路的發明、線上生活模式的出現，都改變了我們與死者互動、理解乃至於協商的處境。就像納圖芬人突然面臨要怎麼處理死者遺體的問題，我們現在也面臨要怎麼處理往生者的數位存在問題。往生者就在雲端，永遠不會離開，除非我們動手移除。

所有人都該關心

本書將會解釋後死亡處境下浮現的道德、政治與經濟挑戰，沒有人能夠置身事外。我們不難從個人經驗中推想，對剛失去摯愛的人來說，處理往生者的數位存在是一件相當困難的事情，面對至親尤其艱難。要是死者沒有留下密碼，又該如何撤下他們線上的帳戶和個人檔案呢？該如何告知線上連絡人這項死訊呢？死者的數位資產、訂閱、虛擬頭像又該如何處理？這些都不是能在散步時思考的輕鬆問題。這些問題通常會帶來十分嚇人的新挑戰，而我們對這些挑戰幾乎沒有任何準備。不只如此，線上平臺很少會在設計時考量這些問題，這也代表要移除個人檔案或回報使用者過世時，得要面對不那麼好操作的介面——特別是對那些不熟悉應用程式和網站的高齡使用者而言。除此之外，死者數位遺物的存在也造成一些更叩問道德本質的問題。一個人的線上存在應該在死後立即刪除嗎？又或者恰恰相反，保存才是最重要的呢？誰又有權決定？死者還有隱私權嗎？那些擁有並控制死者數據的公司又該負起怎樣的責任？而回答這些問題的責任，最終會落在我們每一個個人身上。

但除了個人，我們集體的社會乃至於文明，也要共同面對這些問題，一起回應過往世代徘徊不去的存在。在這一個層級上，個人經驗相對次要，因為不論我們或我們的摯愛是否使用網路，所有人都會受到這些問題影響。根據聯合國的人口預測，將近二十二億人預期會在接下來三十年內過世（本世紀結束前幾乎會有高達八十億人過世），許多人想必會留下相當龐大的資料。[16] 這些資料終將占滿我們日常聊天平臺的伺服器。正如我在第二章更為詳細地說明，最快在二〇七〇年，臉書上的死者數量就可能會超越生者。如果網路持續按照現在的速度成長，到了本世紀末就會累積將近五十億過世使用者的個人檔案，而且幾乎遍布全世界。每一個社交網路平臺、每一個蒐集消費者資料的企業，都會面臨類似的未來。有朝一日，使用者或消費者終將死亡。然後呢？臉書允許家屬移除過世者的個人檔案，或將其轉設為數位紀念帳號（只是暫時解方）。但萬一紀念帳號代理人也過世呢？隨著死者慢慢占滿伺服器，威脅到的正是平臺得靠廣告支撐的商業模式。所以問題依舊：要怎麼處理這些資料？**應該**如何處理這些資料？

正如我會在本書裡再三強調，不論答案為何，其影響遠遠超過個人使用者的範疇。只要死者「打造文明」，這就是全體社會都要關心的事，不只是個人及其家屬的事。為什麼？因為現在使用網際網路的數十億個人使用者，留下的數位遺物加總起來其實不只是個別使用者的歷史集合。當這些數據集合在一起，就是在構築我們人類的數位過往，也就是奠定當今社會與過去成員的關係基礎。可以說，我們現在製造的大量資料，正在打造出一套人類這個物種有史以來最大的行為檔案。這也很可能會成為我們留傳給未來世代的主要歷史資訊來源，也就是全人類共享的數位文化遺產。[17] 我們管理時自然該小心謹慎。

不同於過往的歷史資料，這些數位遺物的集合不單單只是二十一世紀初期生活的反映或呈現，它們正逐漸變成二十一世紀的生活**本身**。在線上生活的世界，線上、線下的二分法已微不足道，因為我們的生活都愈來愈常在網路上發生。黑人的命也是命（Black Lives Matter、#BLM）、#MeToo、阿拉伯之春等事件，在相當程度上都是數位運動。這些事件的數位資料不僅是「現實生活」的呈現，更是打從一開始就具備線上的存在。因此對想要瞭解自身過往的未來世代來說，這些資料將是無價的資訊來源。稍微試想一下，如果我們能存取拿破崙的臉書訊息，或者一九三〇年代德國人口的資料樣本，那麼能夠借鏡的歷史經驗與教訓將是無邊無盡。

有些人或許會認為，社群媒體上張貼的只不過是些「垃圾」，但垃圾其實也是古代文明最豐富的資訊來源。即便廟宇碑牌能夠告訴我們不少古老文明菁英統治階層的故事，卻無法透露多少統治者底下一般人日常生活的樣貌。相較之下，那些更平凡的事物反而更常包含豐富的日常生活資訊。考慮到網際網路的普及和無遠弗屆，這或許也是有史以來第一次，有機會創造真實反映人類生活多樣性的歷史紀錄，而不只是少數中選的（男性）菁英——老祖宗留下來的紀錄往往由這類人主宰。正因如此，這些積累的數位遺物能夠提出過往任何世代都聞所未聞的問題，例如我們是否對那些還在伺服器中徘徊的前人有所虧欠？考慮到未來人都得仰賴這些紀錄來瞭解過往，我們是否也對未來世代有所虧欠？誰擁有並有權控制這些資料？資料保存又應該遵守哪些原則？這一切又該如何監管治理？雖然本書會逐一闡明這些問題，但該如何回答這些問題與我們目前如何處理數位遺物之間，仍舊存有巨大的落差。

早在二〇〇二年，歷史學家羅森史維克（Roy Rosenzweig）就曾警告：「我們最重要也最富想像力的數位典藏都為私人所有。」而這將會導致「過去的未來岌岌可危」。[18] 迄今過了二十個年頭，仍舊無人能證明他有錯。數位資料愈來愈集中在少數幾家強大的私人企業手裡，導致權力不對等來到前所未有的新高。綜觀人類歷史，從來沒有這麼少數人握有這麼多過去的資訊，或是對其有這麼大的控制權，進而獲得形塑現在的龐大權力。這樣的不平衡只會逐漸擴大，如同本書第四章所討論，這會帶來嚴重的政治威脅。歐威爾（George Orwell）在名著《一九八四》警告道：「誰控制了過去，誰就掌握了未來。」[19] 如今數十年過去，控制過去的或許已不是歐威爾書中所說的邪惡政黨，而是單獨一家營利企業。如果Meta（舊稱臉書）、Google和其他幾間類似的公司繼續壟斷我們的數位過去，自然也不難想像這些公司會運用此一權力來促進自身的政經利益，無論有意或無意。

企業掌控數位遺物還造成另一個問題，那就是如何挑選哪些遺物值得保留。與大眾的刻板印象相反，數位資料其實相當脆弱，稍有管理不當就會壞去或損毀。數位保存專家羅騰伯格（Jeff Rothenberg）如此總結：「數位資訊永流傳，但也可能只流傳五年，端看哪個先發生。」[20] 檔案需要持續不斷地照料，才能維持可用可讀，好比持續更新檔案格式、汰換硬體、升級與整理系統，全部都是勞力密集的工作。由於資源有限，有些資料（或有些人的資料）就得被刪除。如此一來就需要某種標準來決定哪些資料「值得」留存，也需要一些原則來指引揀選過程。遺憾的是，現在的制度不讓我們集體自問這些原則應該為何，因為如今我們的數位遺物，我們集體數位過往的構造物，主要是由私人營利企業擁有與控制。在營利企業眼中，只有一種價值算數，那就是利潤。如果一家公司的資本累積落後競爭者，該公司注定一敗塗地。不論一家公司產生多少非貨幣價值（例如美麗、幸福、高尚），只要沒有帶來長期經濟成長，都注定難以存續。總之，如果我們交給這類產業來全權管理集體數位過往，那麼「該如何處理死者資料？」這個問題只會變成「哪些過去可以拿來賺錢？」原本應該對如何挑選流傳給未來世代的原則進行開放討論，如今卻遭到只會欣賞單一價值的制度取而代之。什麼單一價值？資本。

從來沒有一個時刻，讓數位遺物面臨現在這樣高的風險。人類正在冒險失去自身集體過往的存取權，落入檔案人員稱之為「數位黑暗時代」的下場。[21]或者更慘，落入剩餘資料掌控權力分配極度不均的地步。即使你近期沒有任何離世的計畫，即便你自己可能根本毫不在意死後其他人如何對待你的數位資料，你依舊得（或應該要）關心過去的未來。本書將會說明原因，以及該如何處理。

※　※　※

走筆至此想要強調的是，我們與亡者的關係正面臨重大轉變。不只攸關身後隱私或能否瀏覽往生親屬的臉書頁面，更涉及人類文明未來該如何處理自身的過去。在和死者共存的新模式底下，後死亡處境、過往與前人這三者再次呈現在我們面前，迫使我們回答艱難的新問題：應該如何安排數位遺物的管理方式？如何對集體數位遺物加強監管？我們對未來世代有哪些虧欠？誰又該負起責任？

這些都是倫理學上的大哉問，沒有任何明確答案。本書的目的並非為這些問題提供一翻兩瞪眼的解決方案。我反而會在論證中指出，要解決這些問題無法單憑一人之力，而是得仰賴民主審議。如同所有重大政治議題，既沒有真正客觀的最佳解，也沒有解決方案能無視我們認為值得追求的目標。不論選擇哪條路途，都會滿布不同利害關係人的衝突。儘管如此，我還是會在本書最後指出可能的前行方向，引導讀者一邊緩解衝突，一邊持續前進。因為唯有一件事情千真萬確：不論選擇哪條路，我們都必須攜手同行。如何鞭策你我共有的人工環境，生者、亡者、未出世者全都脫不了干係。承擔這份責任不只是因為我們使用社群媒體，或是我們想哀悼哪個個體，其實也是因為我們都是「檔案公民」（archeopolitans）——居住在檔案裡的市民，這些檔案其名為「人類」，目前還在繼續執行。就像舊石器時代的部落，我們必須學習如何與新形態的亡者共處，學習如何成為好的檔案公民。我們有可能選擇主動將亡者從伺服器中移除，但就必須面對先移除誰的問題，以及如果沒有共識又該怎麼辦？我們也可能決定讓亡者再次走入日常生活，只是如此一來我們就必須對如何負擔成本、誰該負擔成本一事有所共識，尤其是數據儲存的碳足跡。我們當然也可能走向介於上述兩種極端之間的道路。重點是，我們得做出選擇。後死亡處境的浮現確實徹底改變社會與其往日成員的結構關係，但這項轉變過程並非機械般僵硬，而是有機的人為選擇。無論是現在還是未來，後死亡處境永遠都會是一項沒有標準答案的挑戰。

第一章　從骨頭到位元組

智人生於雙親，死者孕育人類。

——文評家哈里森

對誕生前之事蒙昧無知者永遠只是孩子。畢竟生而為人的價值，不就是編入歷史與先人生活交織成篇嗎？

——羅馬哲學家西塞羅

開端

不知道自身的歷史，就永遠只能是孩子。小孩子看什麼都是頭一遭，世界既神祕又難以預料。只有將事情與往日連繫在一起，自身周遭發生的大小事才開始有意義。唯有參照個人的過去行為，子宮外的未知生命體才會化為雙親、手足、朋友或敵人。正因今日與昨日連繫在一起，才會對明日有所期許，也唯有懷抱期許，才能賦予及掌握萬事萬物的意義。

經歷劇烈轉變的社會群體也大致如此。社會群體若沒有過去，就會失去自身的掌控力。如果不知道自身從哪個港埠啟航，即便知道當下所在地也是白忙，無法知道眼前的方向，更不用說在這艘名為「社會」的船上掌舵。任何研究社會未來演變的著作（本書正是其中之一），都必須先回望自己該從何處出發。以本書為例，我要處理的第一個問題必然是：人類以前是如何與亡者共同生活？必須先回答這一題，才能評估數位革命究竟如何重塑我們與亡者的關係，這一改變過程又是何等模樣。

我明白這題涵蓋範圍異常龐大。考慮死者的存在構成了宗教、語言、建築等人類文化基石，若無法完整講述人類整體的故事，便很難說明亡者扮演的社會角色有何改變。規模之大，絕非單一章節或書籍可以窮盡。因此我希望從更具體的問題著手，回顧先前科技變革是如何影響生者與死者的關係，以及我們能否從中學習？[1] 藉由本書接下來的篇幅，我會拆分三個層面來回答這個問題：（一）當首批永久定居者出現，亡者便無可避免留在生者的居住環境，因此文明之所以可能，便是透過死者作為「技術中介」（technological mediation）：人類總是居住在死者打造的世界。（二）如同文字發明，我們如今理解到數位科技的來臨，只不過是人類古老追尋的最新篇章。有史以來，人類就希冀尋得方法斬斷死者與其現世屍身的連結，期望藉由可攜式的人工聲音與面容，或不受生物限制而可以四處移動的大量資訊來達成目標。（三）最後，火化爐在十九世紀的發明與大流行，讓我們更加明白此一變革的文化背景：現代社會對隱藏死者的需求。

這三項分析未必符合線性敘事。歷史鮮少如此，但我們還是需要從最初開始：歷史學家拉科爾稱之為「死者的深度時間」（the deep time of the dead），此時往生者的存在不過就是由幾片骨頭拼湊而成罷了。[2]

死者的深度時間

德國哲學家高達美（Hans-George Gadamer）認為，關心死者是人類獨有的行為，是一種「超脫自然秩序的生活方式」。[3]這一觀點暗示人類除了物理存在之外，還具有其他存在形式。然而，動物並沒有這種概念，也對死去的親族興趣缺缺。關心死者（尤其是葬禮需求）正是人類與地球上其他有機體的不同之處。不過，近來的行為科學研究卻對這一主張相當質疑，至少照字面讀起來是如此。包括狼、黑猩猩、大象、海豚、水獺、鵝、海獅、喜鵲

（沒錯！）在內的許多動物，其實都會哀悼死者，有時會連續哀悼好幾天。[4]據觀察，大象會在後生晚輩的屍體旁，一站就是**好幾週**，也常常對親族的骸骨展現興趣，就算是和自己無血緣關係的其他大象遺骸也同樣如此（有些觀察家認為大象試圖埋葬死者，或至少用葉子、沙子遮掩其他大象的遺骸）。換句話說，關心死者、連繫死者並沒有如高達美所認為的那樣「超脫」自然，而是我們最深層的本能之一，是與動物界其他成員共享的本能。

儘管如此，我們或許不應該太快評斷高達美。畢竟動物在肉身分解之後，唯一代表其存在的便只剩下一堆白骨，以及（幸運的話）留給後代的遺傳密碼。其後代最終會找到一塊棲地，環境僅僅具備實用功能。但人類不同。人類不只在棲地生活，還總是生活在繼承而來的先人世界。我們不只繼承祖先的DNA，還繼承了祖先的語言、文化、意識形態，以及祖先為了社會運作而打造的實體設施。我們活著憑藉的不只是老祖宗的基因資訊，還仰賴老祖宗留下的文化資訊。事實上，我們也很難想像有人不是在那樣的世界生活。如果有生物不是在人（或類人生物）所創造的世界生活，那麼該生物就不屬於「人類」。

沒有人能解釋得比文評家哈里森更好：「智人生於雙親，死者孕育人類。」[5] 確實如此，要真正成為人類社群的一分子，不單只是生物學上的資格而已。要成為人類，最重要的是「承繼先人」，這句也是借用自哈里森。[6] 無論如何，人類總是在與過去不斷對話。我們住在先人之中，也仰賴和先人之間持續不斷的關係。你之所以可以閱讀我這本書，正是羅馬帝國及盎格魯撒克遜人的遺產，因為我們承襲了前者的羅馬字母，用著後者的語言溝通交流。這些文字之所以現在還能傳達意義，正是因為這些文字的意義指涉過往，不是指向任一原點，而是一路向古早延伸，最終甚至回溯至動物界。再次引用哈里森的話：「人類的開端就是祖先存在之處。」[7]

但我們的故事總得從某處講起，就本書而言，我想要將「某處」設為舊石器時代尾聲，正值第一批永久定居處興起。對舊石器時代的游牧民而言，過去世代的存在相當有限。那時的人就是要捨棄東西繼續向前，也包括捨棄前人。雖然部落可能每年會返回同一區域，卻不會長久停留。生活就是不停前進，以一小群採集狩獵者為單位，隨著四季嬗遞和獵物遷徙而移動。這時期出土的考古證據稀少，我們不知道史前人類實際上如何處理故族或與之連繫。但今日僅存的游牧文化提供了些許線索（這當然是重大假設）：死者很可能不是生者社交生活中特別顯著的存在，至少不以死者個人形象為生者紀念。貝都因人（Bedouins）等當代游牧部落並沒有花費多少心思安葬逝世者。[8]屍體通常只蓋著一堆砂子或石頭，成了棄置不顧的無名墓。往後也僅在很少數的情形下才會談及死者。[9]這一習俗大致沒變，就這樣沿襲了數百數千年。考慮到游牧民的生活方式，全人類很可能都曾經採取同樣習俗。

當然，死者也會透過傳說、歌曲或傳統繼續活下去，成為想像中居住在這片土地上更大靈體的一部分。然而，這類生物記憶雖然易於攜帶，卻也相對易變無常，還極大程度限制了一個社群可以記住多少先人——就算能使亡者持續存在於社會，也毫無保障可言。除非死者轉變成木頭、石頭、陶瓷等具有象徵意義的外在物件，否則部落根本沒辦法帶著死者一起。若要對抗時間洪流，尤其是橫越世代的沖洗，紀念死者便需要一個標記，一個實體結構的標記，可以投射死者的永恆存在。要紀念死者，便需要在地景刻下某種銘記。[10]

我們因此不難設想，當年人類第一批立起的永久人造物，很可能不是為了要遮風避雨或儲存食物，而是為了保存社群對過世成員的記憶。起初，這些結構可能只不過是一堆石頭或一丘泥沙，只要能提供有形表面的結構或投射對死者的記憶即可。隨著時間流逝，這些人造物也逐漸發展，成為貨真價實的墳墓——或者該說這類結構開始有了室內，一個隱蔽空間供死者居住。這正是西班牙哲人烏納穆諾（Miguel de Unamuno）知名的觀察：「石頭用來蓋墳遠早於用來蓋房。」[11] 美國歷史學家孟福（Lewis Mumford）思路雷同，孟福的經典著作《歷史中的城市》（*The City in History*）點出：「死者是永久居所的最早擁有者。」[12] 孟福主張這些最初的石碑宛若地標，生者可能每隔一陣子回訪，「為了和祖靈溝通或安撫祖靈。」[13] 也就是說，死者安息之處成了地點明確的自然景物。

「死者是永久居所的最早擁有者」的概念不僅符合歷史，還具備更深一層意義。事實上墳墓確實是一種房屋，只不過是給死者住。或者該說，這種房屋對生者而言其實是墳墓。考古學家如今假設，當新石器時代出現最早一批永久定居者時，人類最先定居之處正是死者所葬之處，因為這些地點已是聚集碰頭的去處：生者才是此處初來乍到的新人。生者搬進原本留給昔日居民的空間，必須和昔日居民共享住處——經常如字面之意「同居」。本書開頭提到的納圖芬人正是一例。納圖芬文化在黎凡特發跡（Levant，也就是今日巴勒斯坦、以色列、約旦、敘利亞等地），除了是世上最早幾個會釀製啤酒（！）的文化之外，納圖芬社會和大家的想像相差無幾，同樣會採集穀物、使用石器與具備階級社會的雛形。納圖芬人的有趣之處在於喪葬儀式。舊石器時代的前人會把死者留給沙土後繼續前行，但此一習俗對於選擇定居的納圖芬人而言根本是不可能的任務，勢必得面臨如何處理祖先遺體的問題。納圖芬人的答案便是把遺體留在他們居住的房屋底下。他們還會在「丟棄」遺體前，砍下死者的頭顱加以裝飾，敷上石膏臉龐、綴以貝殼眼睛，再將這些裝飾好的頭顱擺放在屋內，繼續留在生者的世界。埋葬考古學的研究先驅皮爾森（Mike Parker Pearson）描述得好：

> 雖然屍體就埋葬在生者腳下，但死者的頭顱卻繼續共享生者的表面世界，直到連頭顱也被棄置於坑洞蔭蔽處或屋中地板上。儘管如此，屍體和頭顱兩者依然與生者共用空間場域。人類想維繫自身居住地與過往世代居住空間的連結，於是在前人長眠之處上方蓋起泥磚房，直到地表上聳立起名為「特爾」（*tell*）的人造泥土丘。[14]

換句話說，生者的世界和死者的世界是同一個世界。這樣與死者常相左右的嶄新生活方式，標記了死者存在本質的劇烈轉變。死者就像埋葬處上方的房屋一樣，成了社會的一部分，成了永恆的存在，他們的目光就如同牆上閃閃發光的貝殼那般明亮。正如歷史學家史培爾曼（William Spellman）所述，死者的這一存在「加強了『死者依然參與當前事務』的既定信仰」。[15] 只要人們認定死者依然參與生者的事務，死者就**確實參與**其中，儘管死者或許無法再有任何感知。死者早已喪失說話能力，只剩下那對貝殼義眼供人投射想像力。

即便多數文化沒有砍下死去親族頭顱加以裝飾的習俗，但後世許多有助於人們對亡者留下記憶的儀式，其實都與納圖芬儀式有些關係。一個例子是考古學家在歐陸和近東各處都發現了人形陶偶。雖然人形陶偶一度被視為生育女神的塑像，但現在已有大量證據顯示這些陶偶其實是象徵祖先的化身。這些陶偶經常是在隱蔽處的頭顱旁被發現，陶偶的臉部特徵與那些納圖芬頭顱的石膏臉龐非常相像（除了嘴部外的其他細節特徵都有相似之處，也有貝殼眼睛）。如同納圖芬的例子，考古學家也經常在生者住所的牆壁中或屋與屋的連接處找到這些陶偶（或許指出了那些擁有共同祖先的家族彼此之間的連結）。皮爾森認為這些陶偶象徵著轉變：「從使用真正的頭顱來代表祖先，轉變成以人偶來代表祖先，不再以亡者實體來象徵逝去的個人。」[16] 日後這些象徵物會變得愈來愈抽象，例如擬人化的盆子、希臘羅馬文化的鬼影面具（傑出男性公民專屬的蠟拓人臉）。這類面具主要在喪禮上代表過往的尊貴死者，此時與死者身形相似的演員會戴上這些面具，坐在象牙椅上面對生者。戴著面具的演員讓死者「起死回生」，或至少展現令人信服的視覺印象：死者確實在場參與。這一儀式象徵了死者歡迎剛過世之人加入社群，同時也加深了同一屋簷下世代之間的連結。如同納圖芬頭顱擺放在房屋與房屋的連接地帶，鬼影面具也成了羅馬帝國的連接——既展示羅馬的堅忍不拔，還鞏固了父輩祖先的故土，成為世代相傳的永久棲地（其實也就是房屋）。

至今依舊，房屋至今依舊象徵了生者與死者的連結。沒有比廢棄房屋更能展示這項象徵的含義，人們常認為亡魂在此繼續留連。就連詞彙也具有明顯的連結：儘管英文字「房屋」（house）最常被用來指涉實體建物，卻也同樣可以指涉一個宗族，也就是一個涵蓋生死成員的社群。或許，房屋與宗族總是暗示著另一方的存在，因為既不存在沒有過去的家屋，也不存在沒有家屋可供棲息的過去。人類文明的起源，即是由當代後生和前輩先人共享的房屋所構成。這一概念或許比較近似於戲劇上的方便，而非確切的歷史事實。但毫無疑問的是，人類史上第一批房屋帶來這般靠近死者的影響力，已經迴響了好幾個世紀。別的不提，房屋向來是數一數二厲害的隱喻，用來比喻個人和自身過去共存（或居住其中）的意義，進而探究身而為人有何意義。至少在這一點上得感謝高達美。

攜帶式死者

在人類歷史長河的眾多文學作品中，最古老的一則故事叫做《吉爾伽美什史詩》（*Epic of Gilgamesh*）。[17] 這篇史詩開頭概述了英雄烏魯克王吉爾伽美什與友人恩奇杜的冒險和友誼。吉爾伽美什和恩奇杜殺死怪獸渾巴巴和一隻名為天上公牛的野獸之後，眾神終於忍無可忍。為了懲罰兩人的狂妄，眾神令恩奇杜染上疾病，病痛折磨了十二天才死去（這死法可一點都不英雄）。這讓吉爾伽美什痛苦地意識到自身的限制，於是展開另一趟英雄之旅，希望一勞永逸地騙過死亡，獲得永生。這趟旅程最終領著他見到名叫烏特納匹什提姆的男人，這男人和他太太是唯二蒙眾神祝福獲得永生的人類。烏特納匹什提姆試圖說服吉爾伽美什接受命運，但最後還是讓步，透露海底神奇藥草的生長地點，吉爾伽美什或許能藉此長生不死。吉爾伽美什真的找到藥草，結果藥草卻在回程涉水渡河時被一條蛇給搶走。唉呀，吉爾伽美什只得空手而歸。諷刺的是，正是這回失敗讓吉爾伽美什躋身文學不朽人物之列。這段烏魯克王追尋長生不死的記憶（有人主張歷史上真有其人），至今依然存在於我們的集體意識。數千年來，吉爾伽美什的故事成為多篇史詩的靈感，無數史詩都能看見其身影。就文學意義而言，吉爾伽美什故事也是史上最著名的文學篇章之一，還是全球任何文學研究課程的重要讀物。如此這般的永恆地位，其實多虧了某項比任何神奇藥草都還要強大的力量：書寫文字的力量。

書寫與建造房屋、墳墓有異曲同工之妙，共同點多到或許甚至可以把書寫文字視為房屋的延續或延伸。如同前文所說，如果把房屋和土丘視為**地景上的銘記**，那麼文字字母便是紙張、泥板與電腦螢幕等袖珍地景上的墳墓。或者反過來說：所謂墳墓，就是人類在土壤上書寫的某種字母。對許多語言而言，與書寫或刻印有關的文字（例如英文 *engraving*、法文 *engraver*、原始斯拉夫語 **greti* 等）其實都與「墳墓」（grave）共享同一個字源，即原始印歐語中的「**ghrebh-*」。也就是說，每書寫一個字母，形同在紙上挖掘一座墳墓。

就經驗層面來說，書寫一度和埋葬密切相關。古埃及官員就經常早在過世之前，把自己的傳記先刻上墳墓，這同時是屍體防腐程序和墓室建造過程的關鍵步驟。[18] 古埃及人甚至會在省墓時用書信供奉死者。死者顯然無法聽見生者的口語訊息，但文字一經書寫到莎草紙上，似乎就被視為能夠超越分隔兩界的界線。正如芬蘭哲學家魯因所說：「書本或可類比成墳墓，書中文字讓屬於死者世界的居民出場。」[19] 就像墳墓，書寫文字是某種容器，讓死者居住其中永遠不變，也因此獲得有別於生者的人工聲音。文字和墳墓都是時間的容器，都是現在與過去交會的物質介面。

就像房屋和墳墓，人類也居住在書寫文字**之中**。文字是隔絕我們與自然的文化結構，一如墳墓作為死者的**容器**。身而為人，就得居住在某個世界中，而世界總是由不同語言組成，這些語言歷經好幾世代才形成。[20] 換句話說，書寫文字就像是死者的可攜式住所。「可攜式」在此具有兩種意思。第一種意思是，文字具備了在載體之間轉移卻不會喪失資訊的特性。不像「屍體」

（corpse）永遠無法汰換，一個人留下的「語料」（corpus）不會受限於任何**特定**物質的壽命，這正是文字為何如此長壽的關鍵。《聖經》的載體不斷變換，但如今我所讀的《聖經》同樣收錄了數百年前福音書作者的敘事，這些文字（可能）可以被視為耶穌本身一言一行的延伸。你書架上的《吉爾伽美什史詩》（假設你有一本古早的蘇美文版本）收錄的故事就和數千年前的版本相同。改變的是形式、故事的呈現方式，而不是內容本身。一旦資訊可以攜帶，原本用於刻寫資訊的載體表面就可以汰換。這一改變帶來了重大影響，本書會多次強調這點。

可攜式的第二種意義是，書寫文字是一種前所未有的技術發明，可以乘載橫越空間的記憶。書寫文字發明之前，任何儲存在人腦之外的資訊往往難以移動，代表記憶和祖先身分都囿於空間。如果房屋、雕像、巨型立石都是祖先的象徵，你就不可能隨便將其移動。當然凡事都有例外，比如英國巨石陣的搬遷。英國在新石器時代時，石頭與祖先之間具有非常緊密的關係（事實上，石頭僅限死者住所可用，生者得湊合著用木頭等易腐材料來蓋房屋）。因此巨石陣的岩石被視為祖先社群的象徵，甚或被視為就是祖先**本身**。青石組成巨石陣這個紀念碑的外側圓圈，每個都將近兩到三公尺高，被人一路從威爾斯普雷塞利山（Preseli Hills）往東移動了兩百公里，來到英格蘭索爾茲伯里平原（Salisbury Plain）。費這麼大一番功夫的原因為何？不妨理解為當時人有著轉移祖先權威的需求，試圖保存遷徙者與過往祖先的關係，藉此維繫生死連結的完整性（同時隱含了把生者連結成擁有共同起源的群體）。[21]巨石陣或許永遠都會如此震撼人心，但我相信多數人更喜歡以石碑銘文的方式帶著祖先一道前行（紙上文字更佳），而不是比人還大的岩石。

生者對死者的記憶能夠攜帶多遠，受限於其刻寫或投射想像的材料。在泥板上書寫因此極有助於前人的遺緒，能夠越過廣大的空間距離傳播下去。如同德國籍的埃及古物學家阿斯曼（Jan Assman）所說：「你必須親自走訪一幅圖像、一座紀念碑、一處神聖之地，才能重新連結上它們的意義」，才能連結上以儀式形態保存的記憶。反觀如果要連結上文化文本的意義，「你只要直接閱讀即可。」[22] 一旦對始祖的崇拜經由書寫固定下來，就不再侷限於那群自視為親族的人，還可以四處流傳，跨越地理疆界。伊斯蘭和基督宗教等世界性宗教的全球傳播就是明證。如果當代斯里蘭卡的基督徒有可能與十五世紀的挪威基督徒共享歸屬感，那唯一的原因就是兩人都讀過（或聽過）同一位久遠以前過世始祖的話語——哪怕雙方可能都從未造訪過猶太地（Judea），甚或未曾踏上同一塊土地。要是沒有這些經文、人工聲音來定義，實在無法想像會有這麼一個超越時空的社群。書寫文字**解放**了死者，超越肉身的時空限制。不同於無法移動（且逐漸腐敗）的屍體，死者獲得了一副可動的嶄新身軀，也就是刻寫在泥板或莎草紙卷軸上的語料。

書寫不是唯一能分隔死者及其肉身存在的技術，書寫只是資訊技術整體成就的展示。試想一個更新的例子：攝影。羅蘭巴特（Roland Barthes）在經典之作《明室》（*Camera Lucida*）稱攝影的發明「狡猾地解離了意識和身分認同」。[23] 羅蘭巴特認為照片中，個人的身分認同脫離了心智居住的空間（肉身），繼而假定了一個獨立於肉身之外的存在。照片區隔了**人類**和**意識主體**的存在，這也是為何攝影和死亡的關係如此密切。羅蘭巴特研究老照片，照片中的人都用詭異的方式存在；看著這些照片，羅蘭巴特看到這些人在前方等待著的未竟人生，儘管那些人很可能**早就**過世。照片中的人都是真實存在，並且是真人的延伸。但他們沒有生命，而是已經死去，不論就生物意義而言（羅蘭巴特看到這些照片時影中人不可能還活著），還是就攝影意義而言都是（攝影不可避免地凍結了那個瞬間，捕捉到的對象因此變得既陳舊又了無生氣）。按照羅蘭巴特所言，真實存在的人和活生生的人之間的差異，正好說明了為何攝影的本質是死亡。

就像書寫，攝影在經驗上也是和死者相連結。（或許所有新的資訊科技都是？）緊接在達蓋爾（Louis Daguerre）展示了第一批達蓋爾式銀版攝影圖像（daguerreotype），也就是今日俗稱的「照片」之後，屍體一度變成數一數二的熱門拍攝主題。[24]西方世界的家庭，尤其是英語圈家庭，常會趁著家庭成員（特別是孩童）屍體開始分解之前找攝影師照相。屍體通常會擺拍得宛如睡著一般，有時也會擺成好像還活著一樣。儘管生人主題很快就比屍體照還受歡迎，攝影依然是死者的重要中介。在這一攝影革命出現之前，相距遙遠的人要擁有一張代表他人臉孔的圖像，其實是一件昂貴又費力的苦差事，因為得趕在對方入土為安之前聘請畫師或雕塑家。攝影相對廉價，讓更多人可以取得一種死後的存在（即遺照）。事實上，直到攝影發明數十年後，親族遺照才成了美國和部分歐洲國家中產階級室內擺設的標配。歷史學家伊莉莎白（Elizabeth Hallam）和社會學家珍妮（Jenny Hockey）認為，這一轉變讓室內環境成了「物質化記憶的場址……有利於個人反思和回想」。[25]如同納圖芬人家中的頭顱或古羅馬人的面具，照片又再次讓房屋牆上裝飾著死者的臉。

電報是另一個值得注意的死者中介。如同文化歷史學家斯孔思（Jeffrey

Sconce）鮮明的描述，電報的發明激起了通靈運動（Spiritualism），核心概念是電子通訊不知為何可以連上身後世界並帶回死者的訊息。據許多靈媒回報，電報發明者摩斯（Samuel Morse）死後特別頻繁地參與通靈對話。我們今日固然可以輕易嘲笑這些相信通靈的人，但十九世紀許多最傑出的科學家其實都堅信可以透過電子媒介和死者溝通。某種程度上這也很合理，一如斯孔思的精闢解釋：[26]

相信通靈者最初構想的「天上電報」（celestial telegraphy）其實不算是誤用科技論述，只是有邏輯地闡述該科技具備的「超自然」特質。畢竟，透過拍發電報訊號和死者對話這件事，只不過比用摩斯密碼和生者對話神奇了那麼一點而已。兩者都是利用科技來跨越時空，神祕地將訊息重組成完整的實體。

換句話說，電報以及後來的無線廣播、電視等科技，讓個人存在與肉身限制得以**脫鉤**，促成橫越時空且脫離實體的通訊。只要通訊不再需要肉身存在，肉身消滅（即死亡）便也無關緊要——不朽的心智或靈魂可以在乙太網路中繼續存續，只要使用電子通訊就能存取乙太網路。至少相信通靈的人是如此理解。

這些經驗告訴我們，所有資訊科技都可以令死者與其生物限制脫鉤。這就是資訊科技的本質。無論是房屋、信件或照片，科技都提供我們人工的軀體、聲音與臉孔。這些新軀體如果打造得正確，就能免於肉身限制，在時空中長距離旅行。但儘管有這一相對自由的特質，這副新軀體仍然是一只**容器**。不管是在墳墓、書籍、唱片還是相簿中，死者總是在某些東西**裡面**，那是與外界隔離的封閉空間。[27]書籍和相簿的封面不只提供免於汙損的保護，還標記出過去在何處結束，現在從何處展開。這也反映出可攜式的矛盾：那些可以解放死者不受遺體所囿的特質，也正是社會中分離生者和死者的特質。當死者住在雙腳下方，不管你喜不喜歡，至少它會永遠在那。但當真正的屍體被寫在紙上的語料取代時，它就不再永遠待在同一個地方。換句話說，科技分離了死者及其肉身，也加速分離了死者與生者占據的空間。科技讓生者可以決定要在哪裡放置死者的資訊。石碑和書籍幫吉爾伽美什延續了幾千年，卻也能輕易被塞到滿布灰塵的圖書館一隅，遠離生者的世界。這聽來有些複雜，請容我好好說明。

啟航的港埠

一八七三年五月一日，義大利解剖學家布魯內蒂（Lodovico Brunetti）向世界展示了一臺新機器，稱之為「屍體火化爐」。這臺機器不只驚世駭俗還褻瀆死者，機器的目的雖然簡單卻令人敬畏，那就是把一具成人屍體轉變成未滿一抔的骨灰，而且效率驚人。只要幾個小時，四十五公斤的血肉骨頭只會剩下一點七七公斤的灰燼。雖然這項成就可能看起來沒有特別厲害（畢竟許多歐洲及亞洲文化數千年來早就有火葬柴堆的傳統），這臺作為現代火化爐雛形的機器依舊是整個新死亡學體系的先驅，是滅絕的前兆。

一八七三年的火化爐並不是布魯內蒂的初次嘗試，而是他多年來反覆試驗的成品。初次嘗試是在一八六九年，當時的原型機是開放式磚造火爐，燒胡桃木加熱。雖然只要四小時就可以把五十五公斤的女性屍體轉變成二點五公斤的煅燒骨頭，但整體結果卻不盡如人意。火化不完全，骨灰裡還殘留小片骨頭。一八七〇年一月，布魯內蒂再次嘗試，這回多加了一塊穿孔鐵板，上方擺放切好的屍塊，但成果還是太過失敗，完全不如預期。第三、第四次嘗試也同樣失敗。一直要到布魯內蒂採用鋼鐵業的複雜技術才終於成功，鋼鐵業利用氣體反射來產熱。最終版的火化爐（也就是一八七三年在維也納展示的那臺），溫度可以高達攝氏一千一百度，足以把最小片的骨頭轉變成灰燼和氣體。布魯內蒂完成任務：「屍體火化爐」讓死者灰飛煙滅，幾乎一點不剩。

布魯內蒂抱著癲狂的決心，成功將死者完全火化，此舉其實顯示出現代火葬和歷代火葬的差別。燃燒過世親族的歷史已長達數千年，（多數）古希臘人如此，共和晚期的羅馬人也是如此，有些維京人同樣會採取火葬。火葬在新石器時代文化間並不罕見。佛教徒、印度教徒施行火葬也有長達數千年不間斷的歷史。但對這些例子而言，火化是向死者致敬的手段，因為火化死者就是照料死者。反觀現代火葬並非出於禮貌或傳統，而是代表理性與科學的進步。正如歷史學家拉科爾所言，火葬「在死亡面前，乃至於在全人類面前，代表了十九世紀現代主義的巔峰」。倡議者稱頌火葬為「理性和常識的最終勝利」，也就是啟蒙精神的終極體現。[28]

是什麼讓火葬如此「理性」？湯普森爵士（Sir Henry Thompson，他有點像是十九世紀的科學搖滾巨星，對布魯內蒂的發明大為驚豔）替這個問題提出許多答案。湯普森爵士在維也納初見布魯內蒂的展示，短短幾個月後就成立了英國火葬協會，進而在倡議使用現代方式處理死者一事上發揮重要影響力。火葬據說有許多優點，其中一項就是衛生。湯普森爵士認為按照歐洲基督宗教的傳統放任死者在地下分解是所有疾病的成因。為了避免疾病橫行，湯普森爵士建議生者一勞永逸地擺脫死者。另一項優點是善用空間：比起人體大小的棺材，一罈骨灰小得多，也不需要占那麼多墓地，多出來的空間可用來容納擴展愈來愈快的城市。傳統葬禮也代表了鋪張的經濟浪費。一八七〇年代，英國大倫敦地區每年平均有八萬零四百三十人死亡，幾乎所有人都是入土為安。總計這些屍體約等同於二十萬六千兩百八十二磅骨灰，是極好的肥料，市場價值不可小覷。基於上述原因，湯普森爵士主張英國在地下囤積了好幾十萬英鎊（相當於今日的好幾億英鎊），完全沒有起到任何經濟用途而淪為浪費。湯普森爵士曾經建議：「資本的目的在於獲得好利息」，既然屍體已不再能為死者所用，那麼理應用來服務生者。換句話說，現代火葬的目標不僅是消滅死者，還要令死者為生者做事，在拉科爾稱之為「生人體系」

的地方招募死者。[29]

我們也能在十九世紀下半葉開發的死亡相關科技，觀察到類似的目的。即便是攝影、醫學防腐等技術（兩者都是在生者中**保存**死者的直觀方式），都是在服務這一遠大任務：「中止人體的死亡，讓死者進入資本循環。」此話改寫自英國巴斯大學死亡與社會中心主任特瓦耶（John Troyer）。特瓦耶在《人類屍體的科技》（*Technologies of the Human Corpse*）一書中，描寫十九世紀的科技躍進如何促成一個圍繞死者的新產業誕生，進而把屍體轉變為「毫無拘束的資本來源」。[30] 特瓦耶主張死者不再只是死了，而是重獲新生，被製造成消費品。事實上在現代，死者的首要任務就是服從生人體系。

令人訝異的是，十九世紀這些與死亡相關的科技（尤其是火葬）確實與現代性的遠大理念互相呼應。既然所謂的「現代性」就是要替社會除去對過去的依賴，將其自傳統和非理性的舊習中解放，再運用理性的新習慣取而代之，那還有什麼比過去的居民（死者）更能勝任過去的化身呢？正如法國史學家阿里耶斯（Philippe Ariès）在其深具開創性的《西方人面對死亡的態度》（*Western Attitudes toward Death*）書中所言，現代首先是「忌死」的時代，死者都被逐出公共領域。[31] 事實上，就連英文「現代」（modern）的來源拉丁字「modo」，意思正是「現在」或「目前」。阿里耶斯主張，現代的死亡必須躲藏遮掩，避之唯恐不及，而且也不再是為了將死之人，而主要是「為了社會」。阿里耶斯繼續說道：「無論是鄰居、朋友、同僚或兒童，盡可能讓社會愈沒有機會注意到死亡發生愈好。」[32] 不是每個現代文化都會執行火葬，好比美國只有五成的屍體會火化。儘管不是每具屍體都會火化處理，但所有屍體在某種程度上都無可避免地遭到象徵性地抹除，不再能參與公共事務。死者必須消失。換句話說，前述因死者愈來愈便於攜帶而產生的生死隔離，其終極體現就是現代性。書寫文字讓人能把死者收進檔案或放上書架，直到火化爐徹底把死者從地表移除，整個過程才得以圓滿結束。如同社會學家包曼（Zygmunt Bauman）總結道，現代性「殺了死亡」。[33] 至少試圖要殺了死亡。

現代性對死亡的攻擊也出現在當時的政治願景之中，在現代政治體制的主要意識形態中扮演了關鍵角色（不管明示或暗示）。試想一下自由主義，想一下美國的〈獨立宣言〉。這份文件的重要性舉世無雙，不僅對自由主義而言如此，對現代政治秩序而言也是如此。時任美國第三屆總統傑佛遜（Thomas Jefferson）選擇了生存、自由、追求幸福而非尊嚴、榮譽、傳統等價值作為美國的美德根基，這點絕非巧合。自由、幸福與生存顯然都是生者專屬的權利。傑佛遜甚至在幾年後寫信闡明這個立場：「地球的使用權屬於生者」，而死者「既無權力也無權利擁有」。[34] 換句話說，自由主義與自由主義詮釋的國家在社會中扮演的角色，都是專屬於生者（地球的合法所有人）的政治願景。比起之前的宗教、貴族、封建等政治體系，自由主義社會即是徹頭徹尾的「生人體系」。[35]

在當代西方社會，這個自由主義體系主要體現在兩項基本社會制度上：自由主義式的民主政治，以及自由市場。這兩項系統顯然是在為當前人口服務。民主國家只有生者可以投票，只有生者是唯一值得說服的對象，也是唯一興趣值得納入考量的對象——過去和未來的世代遭到犧牲，他們要麼還沒有資格參與民主，要麼不再擁有資格。當然也存在反例，至少在今日西方自由主義式的詮釋下，反而是**過去世代**主導了當前世代，到頭來人們還是得遵守那些可能早在出生前便已制定的律法。好比美國至今依然恪遵憲法，但憲法起草人早已死了好幾世紀。如今美國人往往把這點視為民主的缺點而非特色，或許反映了所謂現代人的想法：遵守死者制定的法律，反而導致民主沒辦法兌現承諾。未說出口的意思是，民主的承諾其實是保證當前世代享有絕對主導權。

同樣地，自由市場也只會把權力給予當前的消費者。除非你有資本可以花，不然你就什麼都不是。你的興趣值多少都可以用美元美分來計算，而且因為未來世代或過去世代都不算自然人，所以他們手上自然也沒有資源。此處當然可以主張例外，說主導資本主義市場的力量其實是未來而不是現在。

好比我們為何集體工作超過必要的時數來維繫生活，就是出於對**明日**的懼怕，因為在資本主義之下，那些沒有投資明日的人很快就會遭淘汰出局。不論今日消費了什麼，其實都是明日投資的損失。在這一論點之下，不論勞工還是資本家，全都是未來的奴隸。這項主張確實有些道理，我會在第三及四章再回頭詳述資本主義的機制。然而，這種投資未來的行為最終其實無法真正幫到未來世代。這種持續投資與支持經濟成長的模式，最終只會耗盡所有自然資源，犧牲的還是未來世代。市場或許會對未來進行投資，但市場所形塑的社會絕非基於未來世代的福祉，頂多是依據當前消費者的意志。

社會主義同樣背負著輕視過往的印記。對卡爾・馬克思（Karl Marx，馬克思對社會主義思想具有無與倫比的影響力）而言，過去世代對社會的影響力不過是迷信，頂多是真正解放路途上的一個障礙而已。馬克思在《路易・波拿巴的霧月十八日》（*The Eighteenth Brumaire of Louis Bonaparte*）一書中抱怨道：「所有過往世代奉行的傳統，就像夢魘一般重重壓在生者頭上。」[36]要實現社會主義革命，勢必得把死者這道枷鎖給甩掉。儘管我們不該為馬克思主義在二十世紀蘇聯和中國出現了各種混淆不清的詮釋而怪罪馬克思，但這份對死者的敵意在馬克思主義的修辭和政治中依然清晰可見。想想蘇聯未來主義詩人馬雅可夫斯基（Vladimir Mayakovsky）的革命詩歌，正是布爾什維克黨草創時期的主要聲音。一九一七年，馬雅可夫斯基同詩人夥伴、藝術家布爾留克（David Burliuk）、克魯喬內赫（Aleksei Kruchenykh）、赫列勃尼科夫（Viktor Khlebnikov）一起出版了政治意味最鮮明的詩〈賞大眾品味一記耳光〉（A Slap in the Face of Good Taste）。[37] 作者在頭幾行詩句已經說清楚講明白，現代性沒有死者的位置：

> 我們獨自面對**我們的**時代。透過我們，時代的號角響起，吹奏起世界的藝術。
>
> 過往禁錮太緊，學院和普希金比起古埃及象形文字更加難解。

丟開普希金、杜斯妥也夫斯基、托爾斯泰等拉拉雜雜一堆人，把他們丟出這艘現代之船吧！

未能忘記初戀的人絕不會識得最後的戀情。

所有那些高爾基、克魯平、布洛克、索洛古勃、列米佐夫、阿韋爾琴科、喬爾尼、庫茲明、蒲寧等人的作品只需要河邊一幢別墅。這就是命運給予裁縫的獎勵。

我們從摩天大樓之上打量他們的微不足道！……

諷刺的是，要把普希金、杜斯妥也夫斯基、托爾斯泰「丟出這艘現代之船」，這些未來主義詩人得要先帶他們上船。事實是，這些年輕人對過往俄羅斯文學黃金時代的巨擘沉迷不已（據說一九一〇年馬雅可夫斯基出獄做的第一件事就是繼續讀托爾斯泰的《安娜・卡列尼娜》）。無論如何，未來主義詩人擺明譴責（死去的）舊時代大師，不只體現了馬雅可夫斯基身旁激進派的文學願景，也體現了社會主義的宗旨。這項宗旨最極端的展現便是中國那殘暴的文化大革命。一九六六年文革期間的「破四舊」（舊思想、舊文化、舊風俗及舊習慣），幾乎把所有留存死者記憶的文物都毀壞了。有人可能會反駁，指出無論是蘇聯、共產中國或偽社會主義國家北韓，其實都對死者特別著迷。畢竟列寧（Vladimir Lenin）經過防腐處理的屍體有過幾近神聖的地位（至今如此），對毛澤東、金日成（依然是「共和國永遠的主席」）等已逝領導人的崇拜也有著死氣沉沉般的意涵。然而，只要所謂的社會主義國家繼續崇拜死者，對社會主義理念來說就是一種無法被實現的失敗。沒有經過認真的邏輯理性思考，在社會主義思想的典範中就站不住腳。

重點是，不管自由主義還是社會主義，現代政治秩序本質上就是某種概念上的火葬，爐中焚化的是理念而非肉身。這是一艘永遠在航行的蒸汽船，死者會獲得船票只因要被丟下船。

批評現代性的人，尤其是保守派，好幾個世紀以來都在批評現代性對沒有生命的人抱持敵意。最先開始批評且批評最甚者是英國政治思想家柏克（Edmund Burke），通常被譽為保守主義思想之父。[38]相較於同時代的其他思想家，例如傑佛遜（他不認為死者應該影響社會），柏克視死者為社會契約的基礎，也是社會的當然成員，甚至是必要成員。對柏克而言，連結起社會團體的不僅是個人與集體間的契約（英國政治哲學家霍布斯如此認為），還是橫越好幾世代的契約，又或者如柏克所說：「一段不僅是生者之間的夥伴關係，也是生者、死者、未出世者之間的夥伴關係。」[39]要成為柏克意義上的保守派，就是要為了未來世代的利益，留存過去世代的美德和資源，藉此促進並維繫夥伴關係內的平衡。當代好幾位思想家更進一步發展柏克的社會契約概念，例如歷史學家弗格森（Niall Ferguson）主張當前經濟體系正在竊取未來世代以供目前世代使用。[40]英國保守主義哲學家史庫頓（Roger Scruton）也有類似主張，主張自由主義典範給予社會中生人成員特權，代價是犧牲了「夥伴關係」中沒有生命的成員。[41]儘管如此，柏克的社會契約概念並不是一項需要保守主義背書的政治願景（尤其不是以今日推進保守主義的方式，他們幾乎站在上述理念的反面）。在本書脈絡下提及「現代性暴政」這個概念，只是想表達現代性在無生命世代之前一點也不道德中立。我會在本書最後一章重提這點，討論這能如何幫助我們回應生人在後死亡處境面臨的道德挑戰。

現代性本質上對死者充滿敵意，但並不代表生活在現代社會的人一點都不關心逝去的親族。人們當然關心。任何曾經失去摯愛的人都曉得，就連死亡也不能斷絕彼此的連繫。我們繼續**關心**死者，替他們完成願望，照顧他們的遺體，尊重他們的遺囑，即使我們深知就算不這麼做逝者也無能為力。綜觀歷史葬儀社生意從未像二十世紀這麼繁榮過，愈來愈多販售產品的新方式接連出現，從愈來愈貴的新式棺材、花藝布置到文書管理等。個人家譜研究盛行，愈來愈多人想要探尋家族過往，死者也的確繼續留在遺族的情感生活。差別在於，現代這些與死者打交道的事都被視為純粹私事。對一名現代人而言，哀傷是一個過程，包含了不同階段，最終目的是尋得「解脫」（closure），重返正常生活。荒謬的死亡無法在正常生活中碰觸到我們。[42]要理解火化爐這類技術，就得置於這一脈絡之下。這類技術不只是為了滅絕屍體，還要重建秩序，並且招募死者前來唯一重要的體系服務：生人體系。地球及地球上一切都屬於生人體系。

唯有以此生人體系為背景，才能詮釋數位革命對我們與死者相處之道的顛覆。這就是我們啟航的港埠。

今日現況？

當一切都瞬息萬變時，實在很難選定明確的位置，遑論確定前行的方向。要理解我們和死者的夥伴關係如何不斷改變，以及如何能積極參與這段過程，需要繼續閱讀本書才能明白。但我們可以先把這一切放在前述科技革命的歷史脈絡下，讓事情變得更清楚一些。這也能幫助我們立下討論的基本框架，才能在後續討論與死者的夥伴關係時錨定自身的位置與航向。

某種程度上，這會是一段淺顯易懂的論述，因為討論的都是基本事實。光是接下來三十年內，預計會有超過二十二億人口過世。[43] 假使網路普及率持續照目前速度攀升，這群人多數都會留下某種形式的線上存在。正如我會在下一章詳加討論的，快則四十年，臉書上的死者就會超過生者的數量，而這也表示我們每天溝通的地方會有愈來愈多死者一起共用。死者留下的媒體可以保存愈來愈多資訊，那條分隔此世與彼世的界線變得日益模糊。死者將在這個資訊社會無處不在。目前聽來好像還好，但唯有把這些數字放到歷史脈絡中來看才能看得更長遠。最重要的是，我們不該只把線上死者大量發生一事看作僅屬於遺族的事，或是線上平臺的燙手山芋。人類歷史上最早的一批房屋，曾經是生者和死者的共同住所，也象徵了在人類文明中生活的意義。如今網際網路正在成為新的住所，屋內就是社會上大小事發生的地方。在這個脈絡下，死者線上存在的出現，預示著文明即將出現重大變革。[44]

首當其衝的正是我們與集體歷史及前人的關係，最終就連我們與人類物種的關係也會受到影響。歷史脈絡也幫助我們明白，數位科技並不是歷來唯一能把死者保存在我們身邊的技術，而是延續過往的科技文化實踐（最早可追溯至《吉爾伽美什史詩》），是讓死者得以與其生物限制脫鉤的最新篇章。數位媒體就像歷來所有的資訊科技，是建構可攜式人工身軀的一部分，只不過昔日的字母語料如今改由0與1記錄。[45]最後，歷史脈絡還讓我們理解，當前發展的科技文化其實與原本亟欲隱藏死亡的現代社會反其道而行。[46]本書描述的每一件新現象都是如此，因此我才會把與死者相處的新模式（或其實沒那麼新）稱為「後死亡處境」，以此向法國哲學家李歐塔（Jean-François Lyotard）提出的「後現代處境」（postmodern condition）致敬。[47]可是後死亡並不代表數位資料永生不朽（其實數位資料格外容易毀損），只是代表今日社會是在檔案紀錄之中發生，而這在現代性社會中原本是保留給死者的領域。在數位時代，留下紀錄成了社會常態，過去可以攜帶自如。我們如今所生活的現在，幾乎無時無刻不把過去給記錄下來。就連我們最小的行為都會留下痕跡，那些痕跡構成我們的社會環境，其重要性完全不亞於我們所居住的實體房屋和城市。[48] 又一次，我們開始和身旁的死者相鄰。

這就是我們如今在哪裡及如何抵達的故事，但這些都不影響我們**決定**要如何與死者同住。不同文化總是會找到各自處理過去的方法，在邁入數位時代的此刻，我們的選項就和從前一樣開放。問題在於我們**決定**要航向何方——當死者出現在我們身旁，我們要怎麼處理與面對，又該如何把答案變成「我們的」集體選擇？

第二章　如何思考數位遺物

如果我存在，那麼死亡還沒來，如果死亡來了，那麼我已不復在。為什麼要對只會在我不復存在時才來的事物心生恐懼呢？

——希臘哲學家伊比鳩魯

我樂意在普魯塔克（Plutarch）的書中讀到布魯圖（Brutus），* 但更樂

＊ 譯注：指羅馬史家普魯塔克的名著《希臘羅馬名人傳》（*Parallel Lives*）。布魯圖是羅馬元老院議員，因謀殺凱撒而聞名於世。

意在布魯圖的書中讀到他自己。我寧願選擇參與戰役前夕布魯圖在帳篷和幾名特定友人一起開的會議，也不願意聽他隔天對軍隊長篇大論；寧願去瞭解他在儲藏室或臥室做了什麼，也不想知道他在公共廣場或羅馬元老院做了些什麼。

——法國哲學家蒙田（Michel de Montaigne）

什麼是數位遺物？

二〇一八年七月十二日，德國卡斯陸（Karlsruhe）聯邦法院，也就是德國最高民事刑事法院做出一項標誌性判決。該案件是一名十五歲少女的悲劇，六年前該少女在柏林火車站遭到一列火車輾斃。警方無法判定這起事件是意外還是自殺，失去愛女的雙親轉向女兒的臉書帳號想釐清原因。或許可以從女兒的通訊紀錄看出端倪？結果雙親大失所望，因為有人已經回報臉書說女兒過世，導致女兒的臉書個人檔案變成「紀念帳號」（臉書推出這項功能讓不在世的使用者多一個選項，第三章會再詳細討論）。這代表雙親無法存取女兒個人檔案中的原始資訊，即便有帳號密碼也不行。臉書拒絕再次開啟個人檔案，宣稱是為了那些和女兒通訊過的人著想，要保護他們的隱私。初審法院裁決雙親有權存取女兒帳號，結果柏林邦法院在二〇一七年改判該裁決，轉而支持臉書規定。然而，二〇一八年最終裁決又再次改判，站在父母這一邊。部分原因是歐盟雖然擁有全球最嚴格的使用者個資保護規則，可使用者一旦過世，個資所有權利就在那一刻停止。死人沒有隱私權。法院在最後判決書上指出，數位通訊形同信件、日記等實物，因此雙親理當繼承女兒的數位遺物，包括其他臉書使用者傳給女兒的訊息。

這則悲劇故事描繪了隱私權法規在碰到往生者時實務面上究竟有多麼複雜，但同時也點出一項更基本的問題：究竟什麼是「數位遺物」（digital remains）？

具體答案相當明顯——數位遺物就是我們留下的所有數位資料：包括臉書上的個人檔案、Spotify播放清單和偏好、Google搜尋紀錄、Zoom通話紀錄、電子郵件、電玩遊戲的虛擬化身、聊天紀錄、照片圖庫等。這聽起來合情合理，但只要我們用任何俗名來指稱各式各樣的資料，就免不了得踏入比喻的領域。當我們談論電腦螢幕顯示的無形事物，總會以有形世界中的觸覺經驗作為參考。好比我們在「網」上，會去不同網「站」，或許下載「檔案」放入「桌面」上的「資料夾」。哪怕電腦裡並沒有什麼實體檔案，桌面也不真的是電腦中任何相符的位置，可是「檔案」和「桌面」仍然是相當實用的思考方式，使我們能藉著經驗法則來思考從電腦這臺裝置接收的資訊。

為何我們需要把無形世界連結到早就存在的有形世界呢？因為有形世界已經具備了整套社會及文化禮數，規範人們如何行動或怎麼互動。如果受邀到別人家中作客，我們會基於禮貌遵守**別人家的**規定。同樣道理，如果今天我們受邀進到一個Zoom「會議室」，我們就會對「在會議室裡面」該有何舉止有些概念。跟打電話不一樣，我們在會議室裡僅是「客人」，「主人／主持人」另有其人。這些稱謂看似隨意，但其實相當重要，因為人們會對此抱持特定期待並負起（道德）責任，也就是一整套如何舉止、如何行動的協議。

死後留下的資料也是同樣道理。就連想要開始討論我們的責任（該怎麼處理那些資料？）都必須將其連結到有形世界的**具體事物**。唯有如此，我們才能理解自身的處境。我們有理由謹慎選擇使用的比喻，因為就像「主人」、「客人」等標籤都帶著特定期望和責任，為死人資料挑選的標籤也是同樣道理，構成我們面對這些人會有的道德責任。好比說當德國終審法院站在雙親那一邊時，就明確使用我們看待日記、信件等有形物件的方式為參考。不僅如此，學術文獻也使用五花八門的字彙來指稱死人資料，例如「數位幽魂」、「數位資產」、「數位遺骸」、「線上天使」或「數位殭屍」等族繁不及備載。[1]我沒有打算評斷這些用語的好壞（同樣也沒有要評斷法院的「日記」比喻是否正確）。事實上，我碰巧相信文明基石出現巨大變革這樣複雜的現象（也就是我們和死者的關係），能使用的概念工具自然是愈多愈好。本書想藉由其中兩個比喻，作為本書論點的關鍵：身體和百科全書。身體的比喻有助於我們理解當前有關死後傷害的辯論，百科全書則闡述了數位遺物不可或缺的集體本質。接下來讓我們進一步討論兩者。

幽靈車和祈禱機器人

美國公共電視的遊戲節目曾經上傳一支YouTube影片剪輯片段，標題是〈電玩遊戲可以算是靈性經驗嗎？〉（Can Video Games Be a Spiritual Experience?）。影片內容不大重要，至少對本書而言，可是兩千三百八十五則留言中，有一則是使用者00wartherapy00分享了他的生命故事，呈現數位科技如何形塑我們與死者的關係。我逐字引述如下：

話說我四歲的時候，我爸買了一臺可靠的XBox。你知道的，第一代、堅固方正的二〇〇一年版本。我們玩得超級超級超級開心，一起打所有遊戲——直到他過世，那時我六歲。

有十年的時間，我都無法碰那臺主機。但有次我拿出來，卻注意到我們以前會玩一款叫《越野挑戰賽》（Rally Sports Challenge）的賽車遊戲。那時覺得這遊戲真是讚。

當我開始東摸摸西摸摸……竟發現一個幽靈。貨真價實。

你知道的，每當計時賽一開始，此前最快單圈紀錄保持者就會成為幽靈駕駛在賽道上繞圈。沒錯，你猜對了——今天我爸的幽靈依然在賽道上繞圈。

於是我一直玩一直玩，玩不停，我愈來愈逼近那臺幽靈車。直到有天我終於領先、超前，然後……

我在終點線前停了下來，只為了確保遊戲系統不會刪掉我爸的幽靈。

我好開心。

這則簡單卻感人的故事引起了共鳴。在我寫下這段文字時，該則留言已經獲得兩萬六千個讚，將近五百則慶賀回覆。這件事甚至成了美國製片人威克斯特隆（John Wikstrom）一部短片的原型。[2]

這段插曲能如此吸引人，部分原因是00wartherapy00的故事不只是一則關於電玩遊戲靈性元素的留言，還同時描繪出數位足跡的互動本質。父後十年，其行為的一小部分依然健在，存在於遊戲主機裡，像結晶一樣靜止不動。雖然父親的模樣是電腦遊戲的化身，但與他一起競賽還是可能的，好似上一秒才剛遞出手把。暫且把形而上學的觀點擺一邊，那位父親依然在「那裡」，只要他兒子在乎。

《越野挑戰賽》裡的那臺幽靈車只是包含了一條結晶的個人痕跡，而且還是條相當簡化的數位痕跡，幾乎沒辦法告訴我們此人究竟是誰。除了他曾是00wartherapy00的父親，後人就只知道他是一位電玩遊戲中的越野賽車手。相較之下，就算是鮮少使用網際網路的人，如今留下的數位痕跡都包含大量資訊，既可能包括數位存根（cookie）和地理數據（geodata）等使用者毫不知情的素材，也可能包括使用者永遠不想讓其他人看見的素材（我認為大多數人可能不想讓小孩繼承搜尋紀錄）。可就如同《越野挑戰賽》的幽靈車乘載著過世父親遊戲紀錄的一小塊，你的資料實際上會成為你的印記。社群媒體個人檔案體現了你的社交方式，包括如何使用文字、有多頻繁接觸人與對象是誰、回訊息速度有多快、是否試圖忽略訊息好一陣子、點選的都是哪些項目、滑過不看的內容又是哪些等。你的播放清單透露你聽的音樂類型，以及什麼時候聽。信用卡資料會訴說哪些東西讓你拿起錢包。在YouTube上的觀看紀錄也會精準描繪出是什麼抓住了你的目光。這些資料量十分龐大。二〇二〇年，每秒每人的全球資料產量是一百七十萬位元組（MB）。[3]當然，這些資料並非都是個人的，大多數也幾乎都在產生的瞬間就立刻被刪除掉了。不過一這數字依舊反映出我們究竟留下多少資訊（即便有些資訊相對模糊）。

人們在網路上留下的電玩賽車資料和「原始」資料之間，其實還有一項顯著差異。電玩是互動軟體，可以讓死者的行動「活起來」；原始資料則維持原本留下的樣子，停在紀錄的那一刻。然而，這樣的差別在今天確實愈來愈模糊。二〇一六年，俄國AI程式設計師尤吉尼雅（Eugenia Kuyda）宣布要推出一個開發多時的應用程式：「馬茲倫柯：數位化身」（Roman Mazurenko: A Digital Avatar）。馬茲倫柯曾是尤吉尼雅的好友，一年前不幸在一場車禍意外喪生，光是和尤吉尼雅的對話就留下八千條訊息。尤吉尼雅認為向過世好友致敬的最佳方式，就是把他用某種形式的互動機器人留存下來。尤吉尼雅利用盧卡人工智慧計畫（AI project Luka），再用自己和馬茲倫柯的通訊內容當輸入，來訓練一個互動實體，言行舉止就算無法完全如同馬茲倫柯，至少也要像某種版本的馬茲倫柯——馬茲倫柯性格的一塊碎片。直到今天，你還是可以在App Store下載到這個應用程式。就像幽靈車留存了00wartherapy00父親的越野賽車手身分，這項應用程式也掌握了馬茲倫柯的一小部分，至少讓它成為能透過文字對話的夥伴。隨著數位足跡愈來愈龐大，科技工具變得愈唾手可得（當年協助複製馬茲倫柯的機器學習系統TensorFlow，如今已經被Google設為開放資源），許多相似案例也一一浮現：不論是在虛擬實境中和過世的孩子相遇，還是專為往生者設計的社群網路。我會在下一章多花一點篇幅討論這些議題，但現在我們只要知道數位遺物變得愈來愈栩栩如生即可。

並非所有死後存在的自動化都如此高科技。請容我介紹一個例子，那就是愈來愈受歡迎的伊斯蘭祈禱應用程式。這一應用程式的營運計畫既簡單又創新。穆斯林通常都會祈禱（篤阿，*du'a*），謙卑祈求某事能發生或許願能達成。信徒可以自行表達個人的祈禱，但也可以從《古蘭經》一系列祈禱詞中挑選。這種祈禱不同於穆斯林每天須做五次的禮拜，而是可以自動化——至少對應用程式而言是如此。我曾在二〇一八年帶領一項計畫研究的「Du3a.

org」網站便是典型案例。該網站的登入頁面引用幾句《古蘭經》經文和熱門祈禱詞，還有側邊欄鼓勵訪客在臉書、Pinterest等不同社群網路分享該網站，聲稱兩千六百萬名訪客都已經分享，可是最重要的功能或許是提醒訪客訂閱該服務的那顆按鈕。只要按下訂閱鈕，訪客就會被重新導回推特（Twitter，如今的X），被詢問是否要授權Du3a.org使用他們的帳號，代表他們張貼推文。如果訪客接受，Du3a.org就會開始每隔一小時自動使用他們的帳號張貼一則少於一百四十字符的祈禱，還會附上網站網址（直到最近才加上一個「收回」的表情符號）。根據我們的研究，至少有十個網站和Du3a.org有類似的商業模式，另有幾名競爭者提供更進階的選項。舉例來說，Athantweets.com網站就推出了付費高級版，每年只要付費一百沙烏地里亞爾（約二十七美元），使用者就能選擇特定且完全不同於隨機產生的祈禱詞，還可以讓推文和當下身處地方的禮拜時間同步。透過這款高級方案發送的推文，還會隱藏Athantweets的網址，讓推文看起來就和其他伊斯蘭內容的真人推文毫無差別——連機器人偵測軟體都無法分辨。同一天內，一名使用者可能先張貼一則政治文，接著一則祈禱推文，然後是一則抱怨機場安檢大排長龍的推文。對不熟的受眾而言，幾乎不可能分辨只有第一則和最後一則是真的由使用者親自張貼，而中間那則卻是應用程式按照腳本張貼。

對沒有宗教信仰的讀者而言，這些例子看起來或許十分莫名。這到底與死者何干？答案就藏在伊斯蘭的末世論中。和許多宗教都相同，伊斯蘭認為人在死亡和最終審判日之間，有幾個因素會提升一個人在真主眼中的地位。根據其中一條影響深遠的伊斯蘭「聖訓」（先知穆罕默德未記錄在《古蘭經》的言行，而是某種形式的正統宗教目擊證詞），先知穆罕默德特別提及這三件事：持續行善、提供知識給未來世代使用、擁有會為你祈禱又善良正直的後代。[4] 由於線上傳播伊斯蘭信仰被視為善行的一種，因此不論這項活動是由真人親自執行，還是透過某人協助傳播的知識來執行其實都沒有關係。同理可證，設定應用程式在死後代表自己張貼祈禱詞，有助於增加往生後獲得好待遇的機率。這其實類似於伊斯蘭版本的天主教贖罪券，差別只在於祈禱是從社群媒體機器人發出，不是神職人員。令人驚訝的是，我們發現幾乎所有伊斯蘭祈禱應用程式都在行銷產品時直白提及身後貼文的事。像是Zad-Muslim.com的標語就寫道：「立即訂閱，帳號才能從現在到死後都為您推文。」而Du3a.org則打包票：「不論您活著還是死亡，帳號都一樣會推文。」還有更多例子。在前文提及的研究期間，我們甚至發現有一種帳號只專門用來增強已逝家庭成員的死後虔誠。

然而最出乎我們意料的，不是提及身後的頻率，而是該現象的傳播力。Du3a.org或許是數一數二大的伊斯蘭祈禱應用程式，也是最容易研究的應用程式之一，因為從使用者個人檔案張貼的每條推文都包含同樣的網址。只要使用推特的「firehose」功能，就能在符合特定限制下存取不同時段張貼在推特的所有內容。共同作者和我就藉此下載了某四十八小時內含有Du3a.org網址的推文。結果這兩天內蒐集到的推文至少有三百八十萬條，相當於每天一百九十萬條（！）。讓我補充一下背景，在我們開始蒐集Du3a.org資料的前四年，曾有一份報告預估全體阿拉伯語推特用戶每天涵蓋了大約一千七百二十萬條推文。如果這份報告的估計數字可信，那就表示每十條阿拉伯語推文中就有一條是Du3a.org發出的機器人推文。[5] 另一個可以參考的規模是阿拉伯之春，就在埃及總統穆巴拉克（Hosni Mubarak）辭職當天，#egypt主題標籤有二十萬零五千條推文，而這已經是最繁忙熱鬧的一天。我們還可以比較一下Du3a.org和其他自動產出內容的程式。二〇一六年美國大選時，機器人帳號扮演的角色受到大眾空前關注。比斯（Alessandro Bessi）和法拉拿（Emilio Ferrara）這兩位資料科學家的研究估計，選舉日前一週，最多高達三百八十萬條政治主題的推文都來自機器人帳號（平均每天五十四萬條推文）。[6] 換句話說，按照我們的分析，單一自動化祈禱應用程式兩天內產出的推文數量，幾乎就等於二〇一六年美國總統大選投票日前「一整週」機器人帳號產出的推文數量。[7] 這還不說Du3a.org接下來每天都會繼續張貼祈禱文，而且它不過就是眾多類似應用程式的其中之一而已。沒有人知道這類型應用程式總共產出了多少推文，尤其是因為有些應用程式沒有留下任何自動化痕跡。即便只是Du3a.org的流量，就大到足以轉變整個平臺的指標：平臺流量肯定會逐漸由過世使用者的帳號張貼產生。短短幾十年內，死者們或許就要為推特上最大的社會現象負責，或起碼要為推文數量負責。

這款伊斯蘭祈禱應用程式告訴我們，不見得要是多厲害的高科技，自動化的數位來生就得以存在。一個人只需要透過相對簡單的方法，就能自動產出某種形式的社會或宗教參與，同時獲得接近永恆的存在（至少這些程式是這麼保證的）。這一案例或許也讓我們可以回答美國公共電視遊戲節目的提問：電玩遊戲可以算是靈性經驗嗎？答案是肯定的，電玩及更重要的社群媒體都可以算是靈性經驗。對伊斯蘭祈禱應用程式的使用者而言顯然如此。這樣一來，數位身後現象顯然就不只會發生在加州矽谷少數幾位高科技狂熱者身上。這種靈性低科技的現象正在全世界發生。就像那輛存在於Xbox之中的幽靈車，伊斯蘭祈禱應用程式也讓我們見識到資訊遺物並不陳腐，而是可以持續參與後代子孫的社群活動。那麼，我們又該如何思考這些參與者呢？他們**是什麼**？隨著科技進步及蒐集的資料愈來愈複雜全面，這些參與者又將變成怎樣的存在？這些都是大哉問，扎根於我們對資料本質的理解。而我們得先回答這些問題，才能檢視這些問題背後的道德和政治含義。

資訊豐富的屍體

這些大哉問在某些人眼中並不難回答：科技自動化只是邁向數位永生的第一步。加速這一未來實踐的「人工智慧」並不只是隱喻，而是將來人腦得以完全複製的初始。在他們看來，在不久的將來，我們的個資就會包山包海，ＡＩ愈來愈強大，人類肉身的消亡只是無關緊要的小事。

抱持此觀點的人，通常自稱「超人類主義者」（transhumanist）。[8]套一句超人類主義最傑出倡議者哲學家博斯特倫（Nick Bostrom）的話：超人類主義是一場定義鬆散的運動，「推廣使用跨學科方式，評估及理解科技進步是否有助於強化人類景況與人類有機體。」[9]換句話說，對超人類主義者而言，近來的科技革命其實代表著我們現在所知「人種」即將終結的開端。他們用非常字面的意思來主張，我們應該要視新科技為橋樑，可以連接起他們所謂的「後人類」（posthuman），一種遠超我們對當今人類大腦想像的更強大存在。這一後人類觀點強調所謂的「心智上傳」，據說這將會引領人們達成某種「數位永生」。與通靈理論的電子身後世界類似，超人類主義者認為人腦（或可稱為生物資訊處理器）基本上可以進行數位擬真處理，如此一來就可以將心智上傳到機器。這臺脫離實體的合成機器將會取代大腦，一如博斯特倫寫道：

> 假設可以有電腦版本的心智，我們就能有更激進的升級。到時或許就可

以把人的心智上傳到電腦，只要在電腦中複製某人大腦的詳盡運算過程即可。上傳會有許多潛在優勢，例如可以備份自己（有助於個人的預期壽命）或用超高速傳送自己，就像傳送資訊一樣。[10]

哇——聽起來好極了！有些超人類主義者相信這類心智上傳科技在可預見的未來即將成真。美國創業家暨作家羅斯布拉特（Martine Rothblatt）的「心智複製人」理論即是一例。[11] 羅斯布拉特解釋，所謂心智複製人「是藉由一套事先設定好的心智軟體完美模擬某人的心智。這一心智軟體將會持續使用及更新人們的心智檔案」。藉由這種方式複製的人一旦過世，他們的心智複製人「也不會感受到自己已經死去，就算身體會產生幻肢的感覺，但只要有人工替代品，一切都不難適應」。有些超人類主義者認為這種依賴科技而行的永生，未來不只可行，還非常便宜，人人都能負擔得起。哲學家斯坦哈特（Eric Steinhart）就預想未來五十年內，所謂「數位幽魂」（兼具意識和自我意識）就會數以百萬計的居住在網路上，改變線上景觀到無人能認出來的地步。[12]

請放心，以上都是胡說八道。儘管我們用「人工智慧」（ＡＩ）一詞來形容過去數十年開發的數位機器，但人工智慧其實和人類的認知及智慧沒有太大關係。[13]當我們說ＡＩ正在變得「更有智慧」，或是正在開發這個或那個認知能力，我們其實不是在說ＡＩ正變得愈來愈像人腦，而是我們愈來愈擅長把自然語言處理或遊玩桌遊等複雜工作**與智慧脫鉤**。許多曾被認為是最高級智慧展現的能力，例如算數和邏輯，如今就連最笨的機器都能輕易複製。儘管如此，真要製作一臺能理解最基本常理的機器依然遙遙無期。機器和人大相逕庭，不論死後我們的資料會變成什麼模樣，都和前述所說的「心智複製人」或人工意識天差地別。討論這些展望或許令人興奮，但最終只會奪去我們對更急迫議題的關注力。如果我們浪費時間在四處評估各種科幻場景，就無法聚焦於那些真正會發生且近未來就會發生的情境。本書要討論的就是這些即將發生的情境。

但是，在死者和他們的數據資料之間難道沒有**某種**連結嗎？即使機器無法讓我們長生不死，數位科技顯然也改變了死亡的**某個**面向吧？確實，真的有改變，**身體**的比喻此時正好派上用場。讓我們引用第一章出現過的哲學家弗洛里迪，儘管他本人對此罕有明確定義，但仍舊能幫助我們用比喻的方式來理解個資。[14] 簡單來說，弗洛里迪認為看待個資有兩種不同的方式，而他自己支持第二種。第一種方式常見於美國傳統，認為個人資料好比車子，是我們的**所有物**。從第一種觀點看來，如果有人非法存取我的資料，就形同侵入或偷竊。這一思路的好處在於可以把資料保護放在規範特別完善的財產法底下，相對易於管理（本章開頭提及的德國法院裁決就是此種方式的典型案例）。缺點也很明顯，這種方式無法處理我們和資訊之間不只是擁有的關係，其實還包括道德上乃至於本質上的關係。

第二種方式，也就是弗洛里迪提倡的方式，通常和歐洲的隱私概念相關。這種觀點認為個人資料就是人格的一部分，好比一隻手，是**我們**的一部分，而不僅是財產。請容我詳細說明，畢竟乍聽之下可能不是那麼好理解。如果有人對你的車子動手腳，你或許會心生不滿，也可能要花一筆錢消災，但最終這都不會影響你是誰或你認為自己是誰。但在第二種觀點的邏輯下，如果有人對你的資料動手腳，就是在對**你本人**動手腳。舉例來說，你的生物存在（身體）是由細胞內的DNA構成，也就是讓你之所以為你的那些基因資訊。那些資料是你，不管是刻在蛋白質上、寫在紙上或記在電腦程式碼上，那些資料**就是你**。一旦有人經手處理你的生物資料，其實就是在處理你的身體。不管那人是改變、操控或散播這些資料，都是在干擾你的（生物）存在，侵害了你這副身軀的完整性。你的身體充滿各種資訊，你的社會存在也是一樣的。有關你習慣的資料，包括洗澡頻率、使用的化妝品類型、傳訊息的對象、點選內容，全都包含了組成你這個人的資訊。這些資料不只是**有關於**你這個客體，因為一旦把這些資訊豐富的碎片整合起來，就會**構成你**，那個他人口中與眼中的你。正是這些資料的集合，讓你自己和其他人能夠識別自己與其他人的不同。「某某某是誰？」這類問題獲得的答案總是某種經過獨特排列的資訊，不管是遺傳密碼的格式，還是對一連串行動的敘述。換句話說，我們最好把身體視為由資訊組成的存在，反之亦然，我們的資訊就宛如我們的身體，也就是一**副資訊豐富的身體**。

這和死者究竟有什麼關係？關係可大了。弗洛里迪對「資訊豐富的身體」的觀點，精準解釋了何謂「數位遺物」。只要把這個比喻再拓展一點，就會發現死後留下的資料完全可以被視為一**具資訊豐富的屍體**。當我們談論數位遺物時，就該把這個詞理解成某種形式的人類遺骸。死後留下的資訊**語料**（corpus）不只是在英語詞源上與屍體（corpse）類似，在概念上也是如此。最詳盡分析這一連結的當屬澳洲哲學家史托斯（Patrick Stokes）。[15] 史托斯最重要的貢獻，就是區別「自我」（selves）和「個人」（persons）。按照史托斯的說法，**自我**是指人的主觀經驗，也就是意識，而意識在肉身毀滅的那一刻便會完全終止。不論尤吉尼雅的馬茲倫柯機器人設計得再怎麼有說服力，其機器學習系統也不存在意識經驗這回事，按照這一邏輯，馬茲倫柯的自我早已不復存在。另一方面，**個人**是用第三人稱談論某人（包含我們自己）時所指稱的對象，經過長時間累積下來的資訊整體。按照這一邏輯，個人資料應該被視為某種形式的「數位肉身」(digital flesh)，而數位肉身在死亡那一刻並不會消散，而會繼續存在，**只要我們的資訊繼續存在**。如同上一章所說，個資通常會存放在肉身之外的實體空間，包括其他人的心裡和記憶之中，同時也透過不同形式的資訊科技刻下我們的存在。也就是說，姑且不論死後意識會如何，**個人**顯然會活得比軀殼更長久。

這也是為何新的資訊科技這麼常和往生者連結——允許往生者的更大一部分繼續存在下去，進一步顯露自我與個人的差距。打個比方，回想一下羅蘭巴特對攝影本質的反思，他宣稱攝影是「狡猾地解離了意識和身分認同」。這句話的意義基本上就跟史托斯所說的一樣，只是比較詩意而已。資訊科技把組成我們個人的資訊，從唯一可以運算意識主體的硬體（肉身）上移除。換句話說，死者的數位遺物在本質上與肉身類似——一具資訊豐富的屍體，構成個人但不構成自我。至少就這點而言超人類主義者是對的，因為數位科技**確實**提供某種形式的「永生」，或至少延長了某人的人格，儘管這種存在帶來的好處無人能實際體驗，因為主觀自我已經消失，無從體驗，只剩一具資訊豐富的屍體。數位自動化科技和ＡＩ或許能注入活力，令其再次開口說話、活動四肢，甚至玩電動遊戲，但總歸還是一具屍體。除了比喻，其實根本無法「永生不死」。

死者會受到傷害嗎？

釐清這個問題後，我們究竟該拿（數位）死者怎麼辦呢？把數位遺物視為資訊豐富的屍體有一大好處，就是可援引既有的文化禮數，知道如何處理才恰當。一具屍體不只是遺族的所有物而已，幾乎所有已知文化都認為屍體也屬於死者本人，且擁有內在價值。人死亡是整個社群的事，事實上**全體人類**都要確保該屍體入土安息，這才合乎禮節。除非是徹頭徹尾的禽獸，不然就連敵軍都會讓對手撿拾與悼念陣亡的同袍。

但這沒辦法回答更基本的問題：為什麼關心死者遺體會被視為**理性**之舉呢？我們的文化讓我們關心遺體是一回事，但不等同於這就是**應該要**關心的理由。別忘了，不是所有思想家都認為我們應該關心死者。早在西元前四世紀，哲學家第歐根尼（Diogenes the Cynic）就主張死人（及其身軀）超越了道德範疇。第歐根尼說到做到，四處宣揚要將屍體丟出城牆外，任憑野獸大啖一番。被問及是否介意這般失禮的對待，第歐根尼回道他並不介意：「只要給我棍子趕走野獸就好！」質問者繼續說道，既然人都死了，沒有意識控制身體，又怎麼能驅趕野獸呢？據說第歐根尼是這麼回答：「如果我沒有了感官，那被野獸撕裂又怎麼會受傷呢？」[16]

有些人可能草草打發第歐根尼，認為他不過愛出風頭，並非認真的哲學家。畢竟，第歐根尼可是被後來不少人蔑稱為「犬儒」。但真相是他其實受到同時代人的尊敬，好幾位傳統派哲學家聽了他的言論都深受啟發。伊比鳩魯就也認為死亡沒什麼好怕的：「如果我存在，那麼死亡還沒來，如果死亡來了，那麼我已不復在。為什麼要對只會在我不復存在時才來的事物心生恐懼呢？」[17] 伊比鳩魯推論，因為身體和靈魂兩者都是物質實體，身體崩壞的那一刻靈魂必遭抹殺殆盡。既然死後靈魂和身體（最終）都不會存在，死亡之後根本沒有東西可以傷害——按照伊比鳩魯的享樂主義倫理，「善」必須由意識主體來體驗。沒有（物質）主體來體驗善，善就無法存在。因此，無論是善或善的消失，都無法發生在死者身上，因為他們早就不存在。[18]

如果我們接受上一節自我和個人的差別，那麼古代哲學家的論點至少有一部分似乎錯了：就算自我的肉身消亡，個人只要刻在外部物件上就可以繼續存在下去。問題來了，個人的人格有資格被當成傷害的承受體嗎？伊比鳩魯和第歐根尼顯然不這麼認為，但還有許多哲學家進一步提出肯定的論證。本書只會介紹其中一人的論點，也就是英語哲學家內格爾（Thomas Nagel）提出的「傷害事實論」。[19] 對內格爾而言，有些善惡是「不可或缺的」，為此得把善惡理解為**事實**而非**狀態**。「傷害的狀態」指的是痛苦、失望、憂鬱、失落等必須體驗過才能感受到的疼痛。而「傷害的事實」則不論是否有人經歷過都是不好的，例如遭遇背叛的事實即是負面的，不論當事人是否意識到，可是痛苦的**狀態**只有經歷過才會是負面的。不受欺騙或羞辱才符合個人利益，不論本人察覺與否，畢竟受人尊重總比遭人輕視來得好。內格爾主張，這意味一個人的幸與不幸，並不囿於生命長短的限制。因為如果忽視死者道德地位的主要論點是死者無法擁有負面**體驗**，那麼任何不需要個人體驗的傷害也必定能套在死者身上。事實上，若按照內格爾的說法，「遭人欺騙、鄙視、背叛等不幸通常都會跨越」壽命的邊界。內閣爾的觀點可以解釋「棄守臨終承諾」到底錯在哪裡，因為這是「對死者的傷害」，對方遭到背叛是**事**

實，而不是承受背叛的狀態而已（也就是背叛帶來的情緒壓力），而這一事實確實有害。

內格爾的觀點非常適合用來反駁伊比鳩魯和第歐根尼等享樂主義的論點，[20]但「傷害的事實」的概念卻很難實際應用於日常生活，也無法連結起數位遺物的倫理與有形世界的禮數。為了當前討論之便，我建議換個方式詮釋內格爾的說法：所謂傷害的事實，就是對「死人有權被**視為人**來對待」的侵害。換句話說，遭到侵害的是「人性尊嚴」（*human dignity*）。我承認人性尊嚴是個相當模糊的概念，最常見的定義源自康德（Immanuel Kant）的倫理學。康德認為人類具備自動判斷（目前、未來潛在與過往歷史）道德的能力，也因為有此德行，全人類都是他所謂「目的王國」（the kingdom of ends）的一員。這代表人類本質上就是目的，無法計算衡量，也無法與其他事物相比。如同康德所說，一個人的尊嚴「超越價格」，意思是人類永遠不該被當成**只是**為達成目的的手段。[21]儘管如此，我們還是不曉得實際上該如何應用這樣的論述。

不同文化對於人該怎麼被對待也有不同觀點。在古希臘史家希羅多德（Herodotus）的名著《歷史》第三卷裡，有段時常被引用的故事剛好可以說明。大流士擔任波斯王期間，波斯是真正的多元文化帝國。某天大流士召集當地的希臘人入宮，問他們要多少錢才願意捨棄火葬並吃下父親的屍體。想當然耳，希臘人回答不管金額多高都不願意。大流士接著召集了卡拉蒂艾（Kallatiai）部族，問他們要多少錢才願意火化父親的屍體而不是直接吃下肚。就像希臘人，卡拉蒂艾人大聲抗議，不管給他們多少錢都絕不會犯下如此令人髮指的罪行。卡拉蒂艾人和希臘人在回應大流士時都訴諸人性尊嚴，可是對於該如何對待死者的結論卻恰恰相反。這並不代表我們應該得出「尊嚴無用」的結論，而是得把尊嚴視作一種**態度**。羞辱或貶低就是侵略一個人（不論死活）的尊嚴，這是一個放諸四海皆準的傷害事實，只不過怎樣的對待才算是羞辱無疑因文化而異。重點在於，就像希臘人和卡拉蒂艾人，我們都是在抱持既有文化禮數的情況下展現態度。

如同我在本節開頭主張，這些禮數有助於我們處理數位遺物。我相信正因為人人有權維護人性尊嚴，才能對本章開頭引用的法院裁決提出有建設性的批判。法院最後援引來開啟死者私人通訊的理據，是因為該名少女的數位遺物被視為等同於非人的物品。對法院而言，少女的資料無非只是讓雙親可以獲得撫慰的**手段**，也是可以繼承、買賣、任意傳輸的所有物。但也如同前述討論所說，這種觀點會帶來錯誤或**不夠全面**的理解：不理解數位遺物的本質，也不懂為什麼數位遺物值得保護。這種觀點的風險在於，可能會把本質為人類的存在視同物品，就像財產一樣可以被繼承，甚至為他人持有。這種觀點會把數據資料的無形世界連結上不夠完善的有形禮數。只要我們把數位遺物視為身體，就能看清不夠完善之處究竟在哪裡。身體當然是物件，給予最近親屬最終決定權，決定如何處理逝去親人的身體，某種程度上也十分合理；可身體又不只是物件。我們不會繼承死者的身體，至少不是想要獲得其所有權，好似擁有其他財產那樣。不像財產，身體依然受到法律保護，被視為組成個人的物件。因此，我認為應該賦予資訊豐富的身體同樣的神聖性，甚至應該把資訊豐富的身體納入國際資料保護法，例如之前提到的歐盟使用者個資保護規則。如此一來，死者的數位遺物就不是財產，而是應該如同對遺體一般尊敬以待。數位遺物是組成個人的一部分，不被當作達成目的的手段是其固有權利。

根據史托斯，此般地位意味著保存而非刪除才是處理數位遺物的標準方式。這聽起來有些違反直覺，但史托斯言之有理。男孩明明可以贏過爸爸的《越野挑戰賽》紀錄，卻選擇在終點線前停了下來，因為獲勝只會抹去父親留下來的部分足跡。這不只是追求自身利益，我相信更是因為那名男孩覺得這是一件道德上要緊的事，不能粗心毀壞死者資訊豐富的身體。我們不會隨便抹除死者的存在，因為和其他物件不同，死者**不只是物件**，死者還是個人。我們不一定要同意存在先天就優於不存在的觀點。就像人們可以基於尊敬而殺生（例如結束一隻負傷動物的苦難），人們也可消除他人的資料以示尊敬（或許是某種數位火葬吧）。究竟哪種才是正確處理屍體的方式，都得視不同文化的觀點而定。就數位遺物或數位遺骸的脈絡而言，我們沒有完全相同的文化禮數可以對應，因此若考慮到人性尊嚴這一題，我也還不大確定保存或刪除哪一種更合理。但如果僅考慮肉身，人類已有數十萬年的文化發展，幫忙引導人們表達尊重與尊嚴。我們可以把這兩者做連結，搭起一座概念的橋樑。這能幫助我們明白，儘管「資訊豐富的屍體」聽起來前衛又新奇，但這其實不是什麼極端的顛覆，而只是既有過程的延續。打從我們豎立起第一座墓碑時，就已經在進行個人與肉身的分離——更精確的說法是資訊豐富的身體日益外顯。當務之急，便是轉譯這類儀式到數位領域。

要全面反思管理死後數據資料的相關倫理，肯定沒辦法只仰賴「資訊豐富的身體」這一概念。在某些情況下這個概念非常有用，但其他情況則令人困惑。本書想闡述的另一項重點是，數位遺物正在變成攸關全社會與文明的問題，那麼把數位遺物比喻成屍體顯然還不足夠闡明問題。這個概念有助於理解個人的數位遺物如今正處於何種狀態，但乘以數十億人呢？如此一來概括的範圍就不只一人，而是跨越社會和世代。我們總不能將其比喻成數位亂葬岡或數位墓園吧？我們顯然需要另一種截然不同的比喻。

數位版死者百科全書

塞爾維亞作家契斯（Danilo Kiš）寫過一短篇小說《死者百科全書》（*The Encyclopedia of the Dead*）。[22]小說開場是一位無名女子，應戲劇研究學院強納森夫人之邀造訪斯德哥爾摩。某晚，強納森夫人帶著無名女主角到皇家圖書館地下的檔案庫，那裡已經打點好，晚上女主角可以自由翻看藏書。這回造訪，女主角意外發現一本奇妙的《死者百科全書》，裡頭完整記錄了三百年來每一條活過的人生。由於女主角才剛失去摯愛的父親，因此她立即開始尋找爸爸的紀錄。紀錄是找到了，但女主角很困惑紀錄為何如此全面。父親人生的每個細節，不管多麼微不足道，全都記錄在那本書裡。女主角讀著父親的童年、青春期、入伍、旅行、家庭關係，甚至明白了導致父親人生最後幾天奇怪行為的動機和潛意識推力。結果那本書比女主角還要瞭解父親，甚至比父親還要更瞭解他自己。

我會想起契斯的短篇小說，是因為同事華生（David Watson）曾和我共同執行一項研究計畫。名稱或許有點誇張，叫做〈死者正在接管臉書嗎？以大數據方法分析線上死亡的未來〉（Are the Dead Taking Over Facebook? A Big Data Approach to the Future of Online Death）。[23] 比對每個國家的臉書用戶基數年齡分布與聯合國的預期壽命資料，我們預測本世紀末臉書上將會累積超過五十億筆屬於過世用戶的個人檔案（見圖1）。最早在二〇五〇年代中期，過世用戶檔案的數量可能就超越十億，二〇八〇年則幾乎高達三十億。不過這些計算其實是建立在一個不大可能實現的假設之上，也就是臉書會持

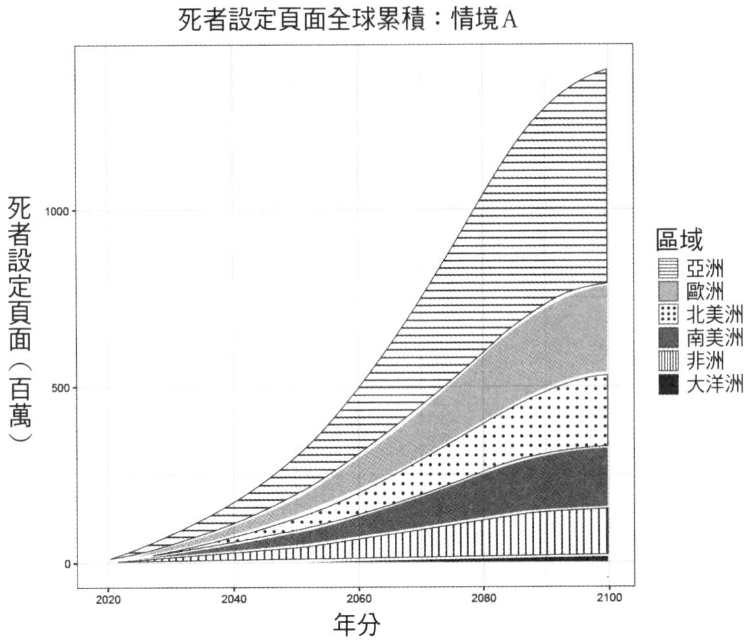

圖1：臉書過世用戶設定頁面預期累積量之地理分布，假定該平臺持續成長直到市場飽和。

續以當前速度繼續在所有市場成長至飽和為止。雖然網路成長依然強勁，這情景卻不大可能發生。於是我們做了第二個模型，這次假設二〇一八年起不會有新用戶加入，那麼到本世紀末過世用戶的總數「只會有」十四億（見圖2）。即便是這次新假設產生的分布圖，最早也是在二〇六〇年代中期，死者的個人檔案數量就會超過生者。考量到臉書成長最快速的用戶群是六十五歲以上的使用者，或許這個現象只會更快出現。事實上，皮尤研究中心（Pew Research Center）有份報告顯示，光是二〇一八年，美國六十五歲以上人口的臉書使用率便從百分之二十二上升到百分之四十。[24] 不論是否聳人聽聞，死者看來真的會接管臉書。

該研究在媒體界掀起軒然大波。一連好幾週，我們都只能忙著回覆世界各地的記者，解釋我們的研究方法，警告大家這次研究的成果。毫無疑問，報導總是有點危言聳聽，畢竟臉書即將成為一座數位墓園是很吸睛的新聞標題。但對我們而言，重點不只是臉書而已，同樣的命運也等著儲存個人資

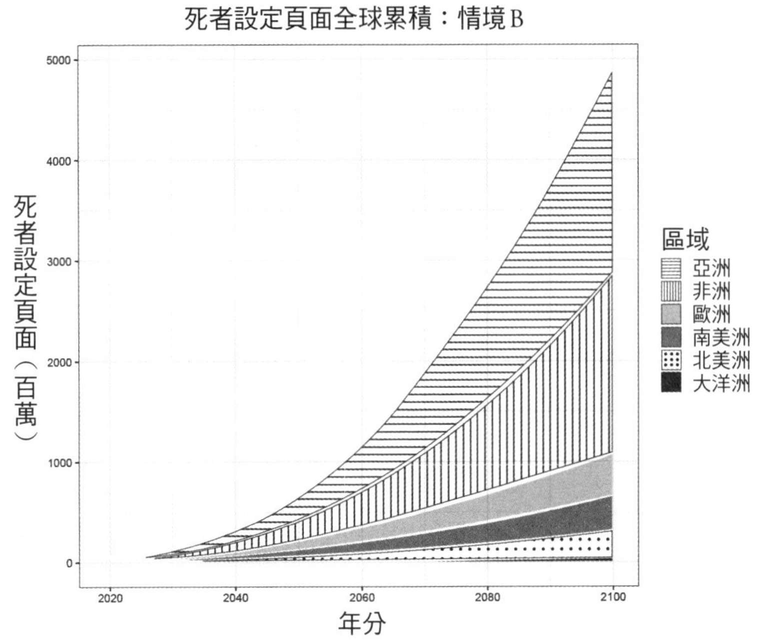

圖2：臉書過世用戶設定頁面預期累積量之地理分布，假定二〇一八年後沒有新增用戶。

料的任何網路平臺。我們也把模型套用在ＩＧ上，同樣得到非常類似的結果。[25] 重點不是哪一年或哪些網站上的活人數量會被死人反超——因為這些預測受到太多變數影響而難以精準。真正的問題其實在於（同時也是我們研究的最大亮點），即使在最保守的假設下，社群媒體上死者個人檔案的數量也會呈指數性成長，幾乎涵蓋了全世界一整個世代的人。當社群媒體努力預測使用者行為，吸引愈來愈多受眾，全球科技巨頭也正在全面且詳盡地記錄這顆星球上的每個人，每個個人檔案就會像是契斯的故事，儲存有內心甚至是潛意識的想法，以及一整個世代的行為模式。這些檔案肯定會逐漸變成數位遺物的存放處，又或者，即將成為一部**數位版**死者百科全書。

布魯圖的儲藏室

十六世紀的法國哲學家蒙田，因頌讚歷史中特定平凡而非華麗官方的元

素聞名於世。他曾寫經這麼評論殺害凱撒的布魯圖：[26]

我寧願選擇參與戰役前夕布魯圖在帳篷和幾名特定友人一起開的會議，也不願意聽他隔天對軍隊長篇大論；寧願去瞭解他在儲藏室或臥室做了什麼，也不想知道他在公共廣場或羅馬元老院做了些什麼。[27]

在歷史的洪流中，布魯圖算得上是少數後代人幾乎都聽過的人物。但蒙田可能要失望了，因為布魯圖除了在元老院的正式發言外就罕有其他紀錄。他在戰役前夕帳篷中對戰友說的話會永遠遺失，其他做過或說過的事情也同樣不留痕跡。要不是生在沒有網際網路的時代，否則布魯圖肯定會在戰役前花好幾個晚上傳訊息給在羅馬的友人，那些訊息肯定也會納入龐大無垠的互動網絡之中，化為一個檔案，由提供服務的應用程式供應商所掌控。這些資料光是存在（暫且不提史學家可否輕易存取），肯定會令蒙田大感興奮。我完全可以想像，任何當代歷史學家都會迫切想要使用這樣的檔案。想像一下，如果今天研究人員可以存取邱吉爾在二戰期間的搜尋紀錄、拿破崙的推文、耶穌基督《登山寶訓》的YouTube剪輯片段，甚至是耶穌訓示之後做了些什麼、那些馬太從未提過且或許也根本不知情的故事。這樣的歷史紀錄彌足珍貴，而二十一世紀發生的大多數事件都會像這樣子保存下來。[28]

許多歷史學家都曾以慶幸的語氣，談到網際網路會如何徹底改變史學這一行。[29] 像是頭一批數位歷史先驅的羅森史維克，確實稱道大家都把資訊放上網路的行為，因為未來的史學家就可以存取「幾乎完整的歷史紀錄」。[30] 事實上，所謂「大數據歷史」已逐漸成為新的研究領域，多虧了我們製造和分析大量資料的能力不斷演進。[31] 想像一下百年之後的樣子，說不定就像契斯的女主角讀著百科全書中父親的紀錄：後代子孫或許能使用我們這個世代聚積的數位足跡（至少在理論上），聚焦特定的某一天，看看到底發生過什麼事。誰去了哪裡、誰又對誰說了什麼、大家都買些什麼、點擊什麼、聽什麼、上傳什麼等。我們還可以想像剖析數百萬條推特推文，分析里特豪斯（Kyle Rittenhouse）起訴案審判時的大眾反應——這位青少年在二〇二〇年夏天從伊利諾伊州出發前往威斯康辛州，在「黑人的命也是命」暴動中開槍射擊，造成兩人死亡。或者，我們也可以分析川普（Donald Trump）的完整發言紀錄，他的線上參與度比起二十一世紀任何一線政治人物都還要高。我們不難發現，這些資料要**積聚**才會產生價值，這也是為何臉書、推特、YouTube等檔案庫對未來世代而言或許會變成相當重要的資源。這些檔案庫擴大了推測範圍，不僅能推測整體使用人口，還能推測使用者在不同時期對各種社會活動的反應。比起只是讓人可以研究祖先的個人生平，數位版死者百科全書可以讓整個世代研究自己祖先的社會。如果今天我們可以研究一九三〇年代出現在德國的溝通社會模式，或者追蹤文藝復興時期歐洲宗教改革的情緒變化，那會是什麼景象？我們想必可以獲得寶貴的歷史教訓。這正是為什麼我們留下來的數位資料不只是個別使用者歷史資料的集合而已。這些數位資料就是我們的集體歷史，是人類數位遺產的一部分。

不同於過往的人類行為檔案（之前通常只能關注一個子群體），數位版死者百科全書的關注範圍橫跨地理和人口疆界。再次舉一個臉書的例子。不同於大眾媒體與學術出版經常可見的描述，網路上出現大量往生者一事並不僅是西方才有的現象。我和華生的研究發現，在接下來幾十年內會於臉書上留下個人檔案的所有使用者當中，歐洲和北美使用者只占了全球的一小部分，亞洲國家的使用者將占多數——本世紀末將累積至接近總數的百分之四十四（假設臉書用戶成長率停滯）。就算臉書用戶持續成長，使用者占比僅次於亞洲國家的也會是非洲國家，尤其是奈及利亞正逐漸成為臉書使用者死亡數的主要來源區域——事實上是世界第二，只屈居全球第一的印度（占了全球往生死用者總數的百分之六）。尼日、馬利、布吉納法索的死者個人檔案數量也高居前十名，而唯一進入前十名的西方國家只有美國。換句話說，臉書數位遺物的未來檔案庫堪稱人類行為的全球性檔案。[32] 大多數主導數位經濟的科技大企業也是如此。YouTube在一百多國都有在地版本，也是巴西、菲律賓、印尼等關鍵市場的使用者最常接觸的社群媒體平臺。[33]每分鐘都有超過五百小時的影片素材上傳到YouTube伺服器。全球每五名網際網路使用者大概就有一人在用TikTok（亞洲則是每三人就有一人使用），這比例在年輕人口中或許更高，畢竟百分之四十一的TikTok用戶年齡介於十六到二十四歲之間。類似例子不勝枚舉，但重點是都在於，這些平臺積存的檔案資料不只是廣告資源而已，而是對二十一世紀全球人類樣貌的描繪。

比起之前的紀錄，這些社群網路檔案也涵蓋更高的人口多樣性。即便在今天，我們對過去及前人的認知早已受到高度扭曲。我們或許聽過很多國王、將軍或政治人物的故事，就像我們非常瞭解布魯圖，因為這些菁英主導了過去的社會。但對於居住在那些社會中的一般人，我們卻幾乎一無所知。舉例來說，比起那些和布魯圖同樣階層的人，我們就很難瞭解數以十萬計的古羅馬奴隸。他們如何生活？他們的生命、夢想、渴望又是什麼樣子？我們大概永遠不會知道。歷史上也很少記載女性的名字，這點同樣令人震驚。按照英國歷史學家貝塔妮（Bettany Hughes）所言，女性在我們今日所知的歷史人物中只占了百分之零點五——哪怕女性其實代表了百分之五十的祖先。[34]就算歷史上有些女性確實為人所知，但有沒有獲得相應的關注則是另一回事。重點在於，多數女性，以及許多邊緣群體或經濟弱勢群體，打從一開始就未曾進入歷史紀錄之中。

但這情況正在默默轉變。並不是因為決定如何記錄及記錄哪些人的過程變得民主，而是因為數位世界的預設狀態就是記錄，而非遺忘。[35]事情一旦發生，就往往會在網路上留下某種形式的紀錄，這已成為常態而非例外。正因如此，資訊社會翻轉了過去書寫歷史紀錄的邏輯。比起詢問「這有重要到值得記錄嗎？」如今要問的已經變成：「這紀錄有**那麼不重要**到需要特地銷毀嗎？」二十一世紀大多數人與大多數活動都已在網路留有紀錄，問題反而是哪些紀錄值得保留。綜觀人類歷史，這是第一次擁有真實反映人類多元性的資料紀錄——至少對有辦法上網的人而言是如此（本書很快就會介紹到不是人人都能上網）。有史以來頭一遭，真有可能出現一個版本是可以反映多元的歷史。如果這版歷史受損，也是因為有些人的資料**刻意**遭到毀壞。

當然，這一轉變未必要透過數位遺物來達成。[36] 某種程度上，針對在世使用者的研究早已在進行：如今有許多平臺都在內部執行相關研究，主要是為了讓使用者多購買一些產品，或增加使用者花在平臺上的時間——也有些是基於真誠的善意，例如自殺防範等。[37] 有些網路組織決定與大眾或其他研究者分享資料，也可能因此促成許多善事，大幅增進我們對當今社會的理解——儘管資料共享也極有可能對那些被分析的個人造成傷害。二〇〇六年，哈佛研究員開始蒐集與篩選哈佛二〇〇九年畢業生的臉書個人檔案，比對學生的主修和住處等資訊。這一研究後來以〈品味、關係、時間〉（Tastes, Ties, and Time）之名在期刊發表，對於社會網絡和友情如何逐漸形成提出一些頗具價值的見解。[38] 然而，儘管研究人員努力將資料「匿名化」，把哈佛替換成「美國東北部一所多元私立大學」，不出幾天人們就已猜出是哪間學校，甚至知道是哪幾位學生。結果這項研究的貢獻之一，就是讓臉書決定在幾年後關閉這項研究合作平臺。顯然，雖然對在世者進行大數據研究極具價值，卻有可能威脅到受試者的尊嚴及福祉。相較之下，歷史研究通常不會對研究對象的未來福祉造成傷害（即**傷害的狀態**），因為歷史研究的對象往往已經不在。不同於研究哈佛在校生的臉書個人檔案，閱讀柏拉圖學院哲人的日記並不會影響那些已故哲人的人生發展。

請等一下，這不就是在把數位遺物當成獲取歷史洞見的手段嗎？這樣做不會侵害本章前半提及的死者人性尊嚴嗎？確實有可能。研究已逝者的私人通訊或許會傷到他們的尊嚴，尤其是如果**只**把這視為一種手段。但此處我想說的並不是未來世代**應該**研究我們的私訊，而是說一旦未來世代有興趣研究我們之中的某些人，最關鍵的問題其實是由誰來掌控這項研究？誰擁有資料？使用資料的動機為何？本書最末會討論相同世代內和跨世代間的潛在利益衝突議題，眼下讓我們先抽離一點來看數位遺物。若從總體概念思考，數位遺物就不只攸關個別使用者或遺族的隱私考量，也是世代相傳的資訊遺產及死者百科全書。這就是為什麼網路上積聚的數位遺物是一項集體事務，就連那些身旁沒有往生者也沒有人留下線上資料的人都該關心。數位遺物是我們的**集體**（數位）過去，只要我們還在意未來世代，在意未來世代與過去的關係，就該關心我們這一世代的數位遺物會獲得怎樣的對待。

有鑑於社群網路這一百科全書的規模遍及全球，多元性也是前所未有，我認為這些百科全書具備了迦納裔英語哲學家阿皮亞（Kwame Anthony Appiah）稱之為「普世價值」的特性。所謂**普世價值**，就是超越單一個人及社群利益的價值。[39] 請待我娓娓道來。

埃及的吉薩大金字塔群，便是一個具有普世價值的典型例子。這些紀念碑固然是今日每位埃及居民的重要國家遺產，但金字塔並非埃及人專屬：大金字塔群這個奇蹟並不只是埃及歷史的一部分，還是全人類歷史的一部分。

事實上，當今世界並不存在古埃及王朝時期的埃及人，而古埃及遺跡的文化意義對現在占埃及多數人口的穆斯林而言，也沒有比世界各地數十億合理自視為古埃及文化後代的人口而言來得重要。大金字塔群的完整保存，是全體人類都該關心的事，因為這些人造物訴說著我們是誰、來自何方的故事。這些金字塔屬於我們所有人。雖然阿皮亞得強調，**屬於**（belong）這個字在此處完全是隱喻的意思，畢竟金字塔並不屬於聯合國或其他任何打著「人類」名號運作的組織機構所有，而是埃及阿拉伯共和國這個國家的財產，確實也該是如此。不過，這不表示埃及這個國家可以對金字塔為所欲為，愛怎麼對待古王朝遺跡就怎麼對待，畢竟金字塔的**普世價值**也伴隨著歷史責任。就像屍體和其他組成死者的物件，金字塔「不只是物件」。

隨著我們愈來愈常在網路上生活，數位人造物自然也會開始擁有類似金字塔般的地位。今天看來可能很傻，但我們每天線上活動建立起的資料紀錄，其實就是我們物種史上最大的人類行為檔案庫。正如大金字塔群講述早期人類文明的故事，這些線上資料也訴說著二十一世紀人類文明及數位社會誕生的故事。這些資料正是（或正在變成）**數位世界遺產**的一部分。

為了替後代子孫保留社群網路的資訊，如今已有許多倡議正在執行。例子很多，從深具開創性的數位資訊建檔專案小組等短期計畫，到數位保存聯盟與聯合國教科文組織的軟體遺產計畫等國際組織（聯合國教科文組織的目標尤其遠大，希望能為後代保存全世界所有開源軟體）。[40] 最廣為人知的莫過於「網際網路檔案館」（Internet Archive），自一九九六年起，該組織一直致力於讓「人人都能存取世上所有知識」。該組織最有名的一項計畫就是「網站時光機」（Wayback Machine），這是一個開放大眾存取與搜尋的線上檔案庫，內建全球資訊網上（多數）開放網頁的舊版本。與此同時，多個國家的國家檔案館也在齊力保存政治領導人或知名公眾人物等具備重要文化意義的人，所寫下的推文和社群媒體內容。比方說美國國會圖書館，已經從網路上蒐集素材二十多年，目標是為未來學者打造一個代表美國網路歷史的檔案庫。這一檔案庫目前已經累積了超過一百八十億份數位檔案，相當於兩千一百二十九TB的資料。推特也在二〇一〇年宣布，將會把公司的整個檔案庫捐給美國國會圖書館。雖然那些製作可供大眾存取與搜尋的檔案庫計畫尚未完全實現，但光是這份理想就顯示出如今已有愈來愈多人認為社群媒體資料具備歷史意義。[41]

這些倡議是正確的，但在某些方面卻也嚴重不足，特別是相較於科技巨頭手上的檔案庫而言，這點我在第四章會詳加闡述。國家檔案庫和非政府組織對政治人物和知名演藝人員的推文進行整理之事固然了不起，但若以未來的史料價值來看，比起科技巨頭所擁有的海量資料不過是滄海一粟，宛如只捕捉了當代布魯圖在議院的發言。至於當代布魯圖的儲藏室，或是其粉絲的反應模式，乃至於伴隨這些資訊而來的權力，目前全都專屬於少數幾家擁有死者百科全書的公司所有。

到底有多少史料價值？

可能會有很多人想反駁社群資料具備史料價值的說法。或許好幾位讀者都已經想好反對意見，因此讓我先討論一下可能的反對意見再繼續說下去。

最常見的異議是，社群媒體資料所透露的「真實」生活其實相當少，多半只是乏味的「垃圾」，缺少其他重要文獻（例如政府資料）所具備的意義。也有人主張後代子孫根本不感興趣，不會想要知道二十一世紀初某天某人早餐吃了什麼，也不會想知道誰家的貓咪有多可愛，更不用說過去十年來急遽增加的網路迷因。這些資料難道不會太乏味，乏味到後代子孫根本提不起興趣嗎？我承認社群媒體上的多數資料都很像垃圾（好，這裡也只是比喻），但資料並不會因為像垃圾就失去價值。正好相反。考古學家通常會認為垃圾堆和下水道是最豐富的資料來源，提供了許多有關過去的科學見解。套一句哈佛人類學家梅多（Richard Meadow）的話：「垃圾代表了人類的行為。」[42]事實上，考古學家對於過往人類生活的認識，多數都來自古人製造的垃圾。[43]廟宇碑牌或許能告訴我們古老文明菁英統治階層的故事，卻無法透露多少統治者底下一般人日常生活的樣貌。眾人認為乏味的東西，常常出人意料地含有大量被視為理所當然的資訊——也就是日常生活的一切。就算今日的我們覺得社群媒體資料看似「垃圾」，也不代表未來子孫會這樣覺得。有可能正是因為我們認為那些資料無趣，後人才會覺得那些最瑣碎的迷因或早餐貼文其實意義重大。

第二種批判認為，社群媒體提供的僅是現實的不可靠版本。好比說線上的自我描述只呈現光鮮亮麗的一面，最終不過是「真實生活」的假象。如果外星文明要研究二十一世紀的人類，而且只參考我們的ＩＧ貼文，外星人搞不好會認為地球上的生活都是美麗夕陽、健身網紅與可愛動物，但我們都知道這顯然不大準確。許多重要活動從未登上社群媒體，而社群媒體上登出來的資訊通常也深受操弄，因此才更加引人注目。

關於這項批評我有兩點回應。首先，雖然我前面說一個人在線上的自我描述必然經過精挑細選，但或許就科學角度來說依然具有價值。人們想要別人怎麼看自己，就跟他們生活中的客觀事實一樣重要。我們通常需要比較一組人的生活環境及其自我形象，才能深入明瞭文化價值與潮流。某人或某群體有可能一方面只張貼寵物可愛照片，另一方面也陷入嚴重的經濟困境，而這顯然是經濟數據無法顯示的事。因此不管內容是否受演算法操弄，社群媒體貼文仍是真實行為，反映出某種社會現實。其次，更關鍵的是，我認為不能僅把社群媒體上的資料視為「現實世界」發生事情的映照。因為在事實上，當今社會反而愈來愈常**直接在線上**社群網路運作。如同弗洛里迪所說的「線上生活」，生活從來無法在線上或線下進行簡單二分，總是在連結科技與人的網路中發生。[44] 許多深具歷史意義的事件如 #MeToo 乃至於阿拉伯之春，打從發生之初就是數位事件，而不僅是反映「現實世界」發生的事件。資料和事件合而為一，互相映照。

第三種最為尖銳的批判是，雖然我主張社群媒體的資料萬分珍貴，但現代社會並非所有事情都在線上進行。即使二十一世紀以降的生活很大程度都被線上生活所定義，也不是人人都適用這種存在模式。根據Internetworldstats.com的數據，全球依舊有四成人口無法使用網際網路。就算在已開發國家，無法使用網路的百分比也不算低，好比希臘有超過百分之十七的人口無法存取網際網路。[45]就算這個比例在接下來十年會急速下降，但就算有網際網路存取也無法保證人們懂得使用網際網路。英國的網際網路普及率約百分之九十五，但大概每十人就有一人缺乏最基本的網際網路使用技能。[46]當我們談論社群媒體資料的歷史價值時，可千萬別誤會，以為社會各個角落都因此會有「完整」紀錄，至少在全球數位落差弭平之前。但就算有一天這項落差弭平了，數位歷史也不應該和「過去」畫上等號。我在下一章會說明，數位資料的蒐集和整理總是出於特定目的，且全都會在資料中反映出來。

除了前述質疑，或許還能再加上最後一項：也就是科技公司的資料永遠不可能會與研究人員共享，就算再過一百年也不會。我們又怎麼知道臉書、Google等大企業會長久存在，直到成為**歷史**資源？就算真的存在那麼長久，它們又有多大機率會和外部研究者分享檔案？人們真的希望科技業對外分享死者的資料（很可能沒有獲得當事人同意）用做歷史研究嗎？這些都是深思熟慮過的好問題。沒錯，完全想像未來世代永遠無法駕馭數位版死者百科全書的力量。但這不是我的重點，重點是科技業積存的資料，**有潛力**大幅改善未來人類對過去及前人的理解。**總會有**人掌握此一力量（很有可能就是今天主導科技業的公司），哪怕此人可能永遠不會顧及公眾利益。直白一點說，這些公司將會擁有我們的（數位）過去，不管你喜歡與否，這些公司也**肯定會**拿這些資料進行研究。當所有數據彙整起來，我們的數位遺物就形容整個世代的遺物。這麼厲害的檔案庫未來能否保存完好，以及究竟是誰才能加以使用，都是本書後續章節會探討的問題。此處的重點是，我們應該把彙整起來的數位遺物視為單一人造物，視為數位版死者百科全書，因此屬於我們全體。死後你的資料會遭遇什麼對待，不只是你或親近之人的私人擔憂；這些刻在科技巨頭伺服器裡的百科全書未來會何去何從，與我們所有人全都息息相關。

※ ※ ※

本章運用身體與百科全書的比喻，並不表示要排除其他對於死者的描述，我們依舊可以使用數位財產、鬼魂、靈魂或不死者這類比喻。然而，我認為身體與百科全書對於理解當前的後死亡處境非常重要，因為這些比喻將數位時代與我們所熟悉的前數位時代物件與文化禮數連結起來。有了這些比喻，我們才能提出更明確的問題，更能理解後死亡處境帶來的挑戰：如果某人的數位遺物構成了一個人應有的人性尊嚴，我們又該如何理解這些愈來愈商品化的資料？要是數位版死者百科全書沒有多餘頁面可以填上新名字又該怎麼辦（此處依舊是個比喻）？誰是這本百科全書的擁有者？這本百科全書難道不也充滿活人的資訊嗎？在瞭解本書的基本比喻之後，是時候來回答這些問題了。

第三章　數位身後產業的興起

資本是死的勞動力，宛如吸血鬼，只靠吸食活的勞動力而活。活得愈久，需要吸食的勞動力也愈多。

——馬克思

亞許和瑪莎

電視影集《黑鏡》第二季第一集《馬上回來》，女主角瑪莎的伴侶亞許在一場車禍中喪生。[1] 瑪莎傷心欲絕，可喪禮一結束就收到邀請，要她試用一款新的測試版應用程式。賣點既吸引人又神祕：找到最近過世的人，用他的數位足跡當基礎（包括搜尋資料、對話紀錄、推文、快照、播放清單等），然後這款應用程式就會分析模式，生產出聊天機器人——一個幾可亂真的死者人格複製品。瑪莎一開始十分懷疑，甚至覺得被這項提議給侮辱。亞許死了，世上沒有任何演算法可以改變這項事實。但瑪莎隨後震驚地發現，自己已懷上亞許的孩子。瑪莎暗自痛苦了幾小時，最後忍不住決定告訴「亞許」，於是決定使用該服務，就為了傳一則訊息給那個複製亞許人格的聊天機器人：「我懷孕了。」這不會是瑪莎傳的最後一則訊息。

由於亞許生前頻繁使用電子裝置，因此聊天機器人複製其人格的精準程度驚為天人。複製品有和本尊同樣的幽默（甚至更好笑！）、同樣的對話節奏、同樣的用語。如果有人像瑪莎一樣，生活和自我都支離破碎，面對剛發現的身孕，複製品這項服務證明是無價的安慰。瑪莎繼續和亞許的數位幽魂聊天。雙方用文字通訊了好一陣子後，瑪莎才寫道：「我多希望我們能講話。」

機器人回道：「如果可以呢？」原來這款應用程式也提供語音進階服務。藉由過去的剪輯片段和影片，這款應用程式可以複製亞許的聲音。這代表瑪莎現在只要有需要，隨時打給聊天機器人——沒多久就變成無時無刻不打電話了。最終，瑪莎踏上最後一步，要讓亞許「起死回生」。她訂了一臺人形機器人，程式都已經設定完成，行為舉止跟亞許如出一轍。你可能已經猜到，那臺機器人長得不大像亞許（儘管某些特徵可能比亞許更好），而且故事結局也不全然幸福美滿。亞許機器人最後被瑪莎鎖在小閣樓裡，想必是不想要外界得知這個祕密。

《馬上回來》對觀眾拋出困難的問題，無論是面對生活、死亡或哀悼。瑪莎有什麼權力可以讓亡故伴侶「起死回生」？這對瑪莎是好的嗎？那臺機器人的道德地位又是什麼？這也是為什麼在討論數位遺物時，該集時常受到引用。但這則故事有個至關重要的細節卻往往被人遺漏，那就是默默提供高科技的匿名公司。雖然科技促成瑪莎可以永遠保有和亞許的關係，但科技不會自己憑空出現，肯定有人設計，而且是為了滿足特定目的。對於設計者是誰、動機可能為何等問題，劇中提供的資訊都很有限。至少科技公司的設定就像現實世界的企業，目的就是賺錢。若從公司的角度看來，賺錢似乎就是複製亞許的主要功能。每次當瑪莎有機會選擇升級，選項都是先由機器人提出。當瑪莎提到希望兩人可以講話時，是「亞許的」文字訊息推銷了語音服務。如果機器人真是亞許轉世，瑪莎哪可能拒絕此生的摯愛呢？換句話說，亞許機器人同時是公司製造的產品，也是該產品的最佳業務員。亞許機器人不只程式設定得像亞許，更成為瑪莎最可能願意繼續花錢購買的亞許。

我們很快就會看到，這一商業視角讓我們得以用全新觀點看待這齣劇集與整個往生後的數位遺物。我們和往生者的線上互動，並不是只在劇中才是由商業平臺居中處理，在真實世界也是如此，營利才是這些平臺的常態。那麼這會產生什麼後果？如何形塑我們與死者的關係？又有哪些道德意涵？

數位身後產業

就我所知，當今市面上的科技服務還沒有《馬上回來》那樣成熟，但現實也沒有落後太多。二〇一五年，麻省理工學院新創的公司Eterni.me就推出某種聊天機器人的測試版（包含虛擬頭像）。該公司宣稱，只要有這款機器人，就可以「與死者通Skype」。只要提供充足資料，演算法就可以提取一個人的性格，轉成可以互動的化身。[2] 直到該網站於二〇二一年神祕地停止運作之前（可能是種子資金耗盡），已有高達四萬七千人訂閱。但類似的應用程式仍如雨後春筍般出現。包括最新一款的Hereafter AI，提供和Eterni.me同樣的產品，差別只在使用的資料來源（主要來自跟複製對象的訪談）。Hereafter AI的市場反應更為成功，但還是遠遠不如另一款競爭者Replika，這款營利應用程式由尤吉尼雅開發，也就是我第二章介紹過的尤吉尼雅。比起簡單的馬茲倫柯機器人，這款新產品有了長足進步，儘管基本原理遵循著相同邏輯：透過互動及提供資料來訓練聊天機器人，最後機器人會變得愈來愈像你——這位人工摯友將成為另一個版本你自己。雖然有許多家相似的新創公司，但Replika已擁有超過一千萬名使用者，是目前為止最成功一個——或許得歸功於該品牌在行銷上不大提及「身後」這個觀點。[3]

雖然這股浪潮目前還停留在新創公司，但科技巨頭早已摩拳擦掌想要實現《馬上回來》的情節。二〇二二年六月，亞馬遜資深副總暨虛擬助手軟體Alexa首席科學家普羅薩（Rohit Prasad）宣布，亞馬遜已經開發出一項功能，讓Alexa可以用過世親屬的聲音說話。亞馬遜甚至製作了宣傳影片，片中一位小男孩要Alexa用先祖母的聲音讀《綠野仙蹤》。許多類似的應用程式其實也已推出好一陣子。二〇一七年，一家愛爾蘭新創公司使用深度學習演算法，分析美國總統甘迺迪的錄音檔案，製作了合成複製聲音，並且朗讀甘迺迪在一九六三年十一月二十二日達拉斯遇刺那天原定要發表的演講。聲音聽起來就像甘迺迪本人。相對於過去案例都需要海量資料才能達成，Alexa只需要一分鐘的錄音資料就能成功複製一個人的聲音，意味著這項新功能將能開拓更多市場。就在宣布Alexa聲音複製功能的前一年，Microsoft也取得類似科技的專利——差別在於該專利不光是想複製聲音，而是想打造完整人格的複製品。專利說明書寫道：

〔機器人所代表的〕特定人格將能對應過去或現在的某個人物，例如朋友、親戚、熟人、名人、虛構角色、歷史人物或隨機人物等（或對應此人的某個版本）。這一特定人格也能對應使用者本人（例如製作或訓練該聊天機器人的使用者）。[4]

雖然Microsoft員工出面否認公司打算開發這類產品，那份專利說明書卻千真萬確，走的就是二〇一〇年代起多家新創公司的道路，像極了現實版《黑鏡》。

我們現在還說不準這類「往生者聊天機器人」的需求是否會增加。就目前看來，這項科技的前途未卜。想想停止運作的Eterni.me，或是多數人光想到要透過遺留資料和死人溝通就覺得膽顫心驚。但或許有一天，當我們愈來愈習慣在日常生活中與聊天機器人互動，那麼與已逝摯愛聊天可能就會像看著故人照片一樣常見。無論如何，這一產業顯然還在高速發展。

相較於吸引大眾目光的聊天機器人，多數藉由數位遺物營利的服務其實並沒有使用AI。這類公司早在一九九〇年代末就開始出現，遠早於下一個十年興起的AI大熱潮。它們多半提供基本服務，例如網際網路創業家克林姆（Michael Krim）成立的Finalthoughts.com。一九九九年，克林姆是在一趟異常難受且遭遇多次亂流的飛行途中萌生這個念頭。當時他人在空中，確信死之將至，於是開始思考若有機會要對摯親好友說些什麼。所幸飛機安全降落，但這段插曲給了克林姆靈感，成立世界第一家提供線上死後通訊服務的公司。只不過不是藉由AI來預測某位使用者還在世時可能說的話（這概念在九〇年代僅存在於科幻小說），Finalthoughts.com使用活人使用者親自寫下的訊息，待使用者過世後才發訊給指定的電子郵件地址。可惜服務本身沒能維持多久，二〇〇四年就結束營業。

儘管如此，類似服務大量出現，許多公司都提供功能更複雜的類似產品。大多數仍維持電子郵件發送服務，或其他形式的文字訊息。以色列新創公司SafeBeyond則提供更為多樣的服務，從個人化影片、指定日期發送訊息到預定未來送生日禮物給使用者的小孩（這項送禮功能讓人想到饒舌歌手威斯特曾用全像投影讓岳父「復活」，幫現在已是前妻的卡戴珊慶生）。在SafeBeyond的登入頁面上展示了一支宣傳影片，描述婚禮上每位家人都收到新娘先父的寒暄問暖，叮囑兒子要照顧家人，再三向女兒保證：爸爸能有這位女兒是多麼引以為傲的事情。

有些公司則致力於永久保存使用者的社群媒體。創意十足但短命的新創公司Liveson就曾保證，即使使用者過世之後，這項服務也會繼續從使用者推特的個人檔案自動張貼推文。這家公司有著很好記的廣告標語：「即便心跳停止，推文永發不止。」簡單來說，死後傳訊服務已見證了許多成功案例。有些商家依然致力於經營小眾利基市場，另一些企業則如同第二章的伊斯蘭祈禱應用程式一般，正在徹底改變死者線上存在的方式。

早期有許多數位身後服務身兼了數位保險庫的功能，幫使用者處理數位資產管理等問題，包括密碼存放、數位收藏、電玩頭像與虛擬化身、串流平臺訂閱等，這類問題通常都在使用者離世後浮現。常被引用的先驅企業，便是由創業家托曼（Jeremy Toeman）創立的 Legacy Locker。在創辦這家公司之前，托曼曾經苦於無法存取先祖母的 Hotmail 帳號，而這讓托曼意識到（恰巧也在一趟令人不快的航班上）他自己的數位遺物只會比祖母的更混亂也更難整理。他在二〇一一年接受加州灣區《聖荷西信使報》（*Mercury News*）訪問時表示：

當時我正搭機到紐約，飛機真的非常晃，我就想，嗯，如果……的話怎麼辦？我才發現即便有遺產規畫和信託，還是漏了一樣，那就是我的網域。我有一百個左右的網域，如果它們能在我過世後拍賣，或許還能帶來一些價值。但我太太永遠不會發現這些網域。我就這樣想到這或許是個商機。[5]

這確實是個商機。繼Legacy Locker之後，Entrust和DataInherit（現在兩家都在SecureSafe旗下）等新創公司也如法炮製，推出類似的資訊管理服務。概念是要提供某種形式的數位遺囑，確保資產傳給正確的繼承人（或銷毀）。許多公司甚至開始和壽險公司、殯葬業者合作，確保遺族盡可能輕鬆管理客戶的身後事務，不論線上還是線下都是。大企業最終也推出類似功能，例如Google就推出「閒置帳戶管理員」，讓使用者可以指定一位「信任的聯絡人」。如果使用者過世，該聯絡人便能下載使用者的部分資料。雖然閒置帳戶管理員有效解決許多新創公司也可以解決的問題，資訊管理服務至今依然相當受歡迎。我自己就經常收到這類新創公司的來信，詢問能否協助代言，或是諮詢相關道德建議。

目前為止，最常見的數位身後服務就是線上追思。這類網站和應用程式看起來就像一般的社群媒體平臺，差別只在頁面與個人檔案不是給生者使用，而是專為死者而設。和墓園等實體場址不一樣，線上追思網站可以把分散在不同地方、不同時區的社群聚集起來一同哀悼，可以上傳素材（例如照片及影片），也可以留訊息給亡者。線上追思的方式五花八門，符合各種小眾市場需求。有些網站專為過世兒童而設，[6] 有些重心放在殞落的退伍軍人，有些致力於經營深受喜愛的寵物市場。[7] 二〇〇七年，臉書啟用**紀念帳號功能**，失去摯愛的家屬只要能證明該使用者確實過世（通常都是提出死亡證明或訃聞），就有權利將該個人檔案刪除或設為紀念帳號。如果家屬選擇設為紀念帳號，個人檔案會繼續留在網路上，只是會有一些改變。「緬懷」一詞會加在已故用戶的姓名前方，個人檔案也無法為他人搜尋，不能收到交友邀請，也不會有廣告。已故用戶也會從生日提醒及「你可能認識的朋友」等功能中移除。二〇一五年，紀念帳號新增了一項「紀念帳號代理人」功能，使用者可以指定另一位臉書使用者，在其亡故後代為管理個人檔案。代理人沒有完整的紀念帳號存取權限，但可以修改動態時報上的貼文、變更大頭貼照片、貼文給哀慟的親朋好友群等。這些功能在二〇一九年又更進一步開發，另外提供追思頁面，不使用原本亡故用戶的動態時報。臉書也藉由AI功能來「偵測」應該已經亡故的用戶，主動移除個人檔案，避免其在不合適的地方出現。可想而知，一旦臉書推出這些功能，就會令其他新創公司的服務顯得多餘。要是臉書已經自動設定好你所需要的東西，為何還要把摯愛遺留的一大堆舊照片或影片上傳到一個不見得可靠的新網站呢？（姑且不說可能需要大費周章才能取得這些數位遺物。）如果亡故用戶已選好一位紀念帳號代理人，代理人就會受邀在該用戶離世時設定紀念帳號。一切都設定好，隨時可派上用場。考慮到好處這麼明顯，未來追思往生者的儀式很可能就會全部落在臉書或幾家同樣規模的科技巨頭肩上。

儘管各有特色，這些公司其實都有一個共通點：都想要從往生者的數位遺物獲利。我們可以統稱這些公司為「數位身後產業」，涵蓋幾乎所有把數位遺物納入商業計畫的企業。[8]

數位身後產業的公司名稱大都和「永恆」或「長久」有關，例如B-emortal、Eterniam、Eterni.me、Eter9、Infi-Bond、Perpetu、SafeBeyond等。諷刺的是，就算如此命名，多數公司也沒能永久經營。我曾在二〇一七年發表研究，詳細說明數位身後產業的各個分支，還列出五十八家不同公司，[9]只有幾間至今還在營運。儘管名字取得響亮，但不論是SafeBeyond、Eterni.me還是B-emortal或Perpetu，只要沒錢照樣活不下去。到頭來，數位遺物這門生意或許也沒那麼有利可圖。有可能只是先驅企業開始時市場尚未成熟，網路人口還太年輕，不會想到有一天可能會死。也許再過幾年，等到和聊天機器人互動就像信用卡支付一樣平常，網路人口的平均年齡接近一般人口，市場屆時就會願意支持最大膽的企業，例如Eterni.me和Replika。如今只能拭目以待。考慮到定期有新的新創公司加入數位身後產業，我這也不全是瞎猜。

早期會有這麼多數位身後公司失敗的另一個解釋，就是臉書和Google也進入了市場。新創公司讓用戶選擇過世後要把電子郵件留給誰，原本是一項獨創產品；追思網站也一樣，親朋好友可以在上面悼念亡者，分享照片等數位回憶。然而，自從二〇一〇年起，這些功能都已隨著臉書和Google而進入主流。如同Google閒置帳戶管理員，使用者完全可以做到無數家新創成立打算做的事。臉書也推出個人檔案紀念功能與紀念帳號代理人，參考的都是最初那些新創公司的發明。[10]我們不大可能確切知道有多少人主動使用Google和臉書提供的往生相關服務，但如果這數字少於一億，我自己會相當震驚，畢竟臉書宣稱每月有三千萬人瀏覽紀念個人網頁。這表示科技巨頭現在也是數位身後產業的一環嗎？答案是對也不對。先拿臉書來說明。當祖克柏在二〇〇四年創辦臉書時，死亡和往生者肯定不是他最關心的事情。早期臉書還被批評沒能好好對待哀悼服喪的人。[11] 儘管臉書最終是啟用了紀念功能，使用者也可以在平臺上與死者互動，卻**刻意**不在紀念個人檔案上做任何商業行為。也就是說，不同於臉書的其他功能，紀念個人檔案不會有任何廣告，不會被殯葬業者、諮詢輔導、花藝店的廣告轟炸。由於臉書上的死後互動顯然不是商業行為，因此把臉書納入數位身後產業好像沒什麼道理——臉書之所以處理數位遺物並非出於自願。

與此同時，商業面向或許無可避免。即便至今紀念個人檔案的流量僅產生微不足道的利潤，長期而言代管這些個人檔案或許仍是有利可圖。只要使用者重視並在乎死者的數位存在，就會關心死者居住的私人平臺能否存續。二〇二〇年，推特一度宣布要移除閒置超過六個月的個人檔案，卻引發使用者的猛烈怒火。科技記者奧爾拉諾夫（Drew Orlanoff）恐懼失去亡父的推文，在一篇TechCrunch文章寫道：「我心一沉，開始哭泣。我之前都沒想過這件事，這還是件大事。〔……〕再好好想想吧，推特，你可以做得更好！」[12]

有這種感覺的肯定不是只有他一人。已有人觀察到即便失去孩子許多年，家長仍會回去造訪過世子女的數位遺物（並與之溝通）。許多家長甚至認為與數位遺物持續聊天是一件道德上重要的事情。社會學家貝爾（Jo Bell）主導的研究中，一名受訪者如此表示：「我們這麼做是為了讓他繼續活著。」[13]最終推特只得推翻原本的決定。重點是，這些抗議聲浪都證明了**歸屬感**確實存在，這種情懷或許具有巨大的商業潛力。[14]這也提供社群媒體公司一個難得的機會，鞏固其在社會中不可或缺的地位——宛如以往西方基督宗教文化中的教會。墓園可能不是社會上利潤最豐厚的生意，但具備連結人和土地的特殊能力，因為土地就埋著逝去的摯愛。一旦這塊「土地」變成線上營利平臺而非地理空間，或許就埋有龐大的商業利益。大家會留在臉書，或至少繼續關心臉書的存在與否，是因為那裡成了摯愛安息的處所；不論活人還是死者，造訪那裡就能找到親朋好友。

我們恐怕難以主張臉書的紀念帳號功能是獨占計畫的一部分，打算獨占社會中樞的文化功能。但重點並不是科技巨頭在挪用數位身後產業新創公司的功能時，還藏匿了什麼不可告人的意圖，而是要說任何一家儲存使用者個資的企業，不論有意或無意，最終都會變成使用者數位遺物的管理員。這可能會被視為負擔，那麼數位遺物或許就會被銷毀，儘管費用可能會出乎意料地昂貴。[15] 但這也可能是難得的機會，可以與在社會結構裡紮根地更深，變得更加密不可分。切記，任何理性計算的商業公司都會選擇難得的機會。這也是為何用數位身後產業會與「你」息息相關，即便你不打算訂閱死後聊天機器人服務，也沒有想要使用線上追思服務。因為只要使用網際網路，就一定會留下些數位足跡的紋路；若你有在使用社群媒體，資訊只會更加豐富。只要一登入，就連最被動的使用者都會產生大批資料紀錄。即便你身故，這些資料還是會繼續留在網路。就和管理所有生意一樣，公司只會用同一套邏輯來治理，那就是利潤的邏輯。

數位身後產業遭受的批評

許多人對於「拿和死者的關係來做生意」一事感到不安。把死亡和生意混在一起，確實老早就有許多爭議。[16] 雖然這個不安的理由相當直覺，但光靠直覺顯然還不夠。如果某件事在道德上有爭議，就必須先合理解釋這件事**為何**及**如何**有問題，才能採取更進一步的措施。以數位身後產業來說，我也認為對於該產業的倫理道德評論都必須立基於有系統地批判，而不是任意的直覺。

在我們開始細想如何系統性批判之前，得先檢視數位身後產業的經濟學，也就是該產業**如何**靠數位遺物賺錢。數位身後產業的賺錢模式百百種。有些公司使用「免費增值」(freemium) 模式，即免費提供基本服務，但應用程式內購買可以解鎖更多功能（SafeBeyond 使用過這種模式）；有些公司，提供較傳統的訂閱選項讓消費者購買（例如 GoodTrust）；還有些公司使用

「免費」模式，主要商品不是用戶使用的網站平臺，而是使用平臺時產生的多餘注意力，再把多餘注意力當成目標式廣告賣給第三方（臉書就是落在這個類別）。在這個模式下，哀悼者擔綱勞動力一角，演出某種形式的**閱聽人勞動**——概念源自於批判理論學家福克斯（Christian Fuchs）。[17] 商業價值不是來自於那些維護與設計平臺者的辛勤付出，而是來自使用這些平臺的大眾。閱聽人愈多，廣告空間就愈大，這才是多數平臺實際上賺錢的方式。如此一來，這些科技公司依賴的正是瑞典社會學家瑪格達萊娜（Magdalena Kania-Lundholm）所謂的「數位哀悼勞動」（digital mourning labor）。[18] 死者成了獲利的工具，讓勞動者（哀悼者）付出勞動力（哀悼）。[19]

獲利模式眾多，但每家數位身後產業的目標都是增加流量，這就需要不同形式的投資。好比需要一名員工來管理流量、一個平臺讓互動發生，當然還有伺服器空間來儲存數位遺物。只有在流量（也就是與數位遺物的互動）產生的商業利潤大於這些投資，公司才有動機繼續營運。然而，即便獲利大於投資，這些利潤也必須進一步投資以購入更多伺服器空間等，才能跟上競爭對手的成長。為了方便說明，讓我們假設有間科技公司的伺服器積存了一百萬筆亡故用戶的檔案，而且除了儲存資料，還得放上使用者友善的最新介面供人存取，因此每年成本約是一萬美元。從經濟角度而言，這意味著該公司必須想辦法利用數位遺物每年賺取一萬美元，不然只會面臨破產。多出來的盈餘也必須再投資，擴大網路、募集新用戶，才會帶來更多數位遺物。換句話說，數位遺物需要人類互動才能保值，但價值愈高，就需要愈多勞動力（也就是和生者互動）。這就是「數位哀悼勞動」的概念。數位遺物成了某種「死的勞動力」（稍微借用馬克思的名言），就像吸血鬼，只靠吸食活的勞動力（人類互動）而活。活得愈久，需要吸食的勞動力就愈多。[20]

由於平臺需要吸引更多流量好「吸食」更多活的勞動力，所以有些學者擔心數位身後服務（尤其是線上追思）可能會導致哀傷永無止盡，人們會變得放不下死者。人類學家麗莎（Lisa Mitchell）和同仁便在一項針對「亡故兒童追思網站」的研究中寫道：

打著解決或甚至治療喪子之痛的幌子，線上追思不只是單純收留喪痛，可能還讓這份哀傷永無止盡。藉由讓亡者可以繼續存在、親職得以持續、哀傷能夠在喪子家長社群與大眾之間繼續被溝通、被理解與被認可，網路提供源源不絕地哀傷，有別於過去長久以來強調「解脫」、私密與天人永隔的生死觀。[21]

我個人覺得這種說法的實徵證據不是那麼令人信服，至少在麗莎的研究之外缺乏更多有力證據。除此之外，世上並不存在客觀「正確的」哀悼方式，也沒有「病態的」哀悼方式。如同第一章所述，這種認為「與死者繼續維繫關係是不自然或有病」並尋求「解脫」的想法，其實是非常二十世紀的現代觀念。如果有家長想在小孩過世後「繼續負擔親職」，其實沒人有立場評判。

儘管如此，確實也無法否認線上追思的營利網站顯然十分樂意延長我們與死者的關係。從經濟角度來說，容納這段關係其實不是相關企業的營業目標，而是藉由容納這段關係來產生剩餘（貨幣）價值。再次借用馬克思的名言：不斷生產流量的需求，有可能導致死後連結只剩下金錢關係。[22]

對我而言，更大的擔憂其實在於數位身後產業對死者做的事。為什麼？一旦利用數位遺物來產生流量，形同鼓勵人們按照最能獲利的方式來形塑對於死者的記憶，而不是去思考何謂理想的生死關係。長久以來，研究人機互動的學者一直強調溝通科技的設計方式會影響互動如何進行。[23] 傳奇的媒體哲學家麥克魯漢（Marshall McLuhan）說得好：「媒介即訊息。」這句話簡潔有力。[24] 第一章已有多個實例，顯示新科技如何改變我們與死者、我們與過去的關係。

可是科技不會從天而降，科技本身就是為了某個目的而被創造出來。創早者可能是一個人，也可能是一個組織。無論何者，他們心中都懷抱特定價值、興趣與目標，這些價值和興趣會在科技本身中體現。當然，如何使用科技會依終端使用者的意圖而定，好比刀可殺人亦可救命，但設計者的意圖確實會助長其中一方。再次借用哲學家弗洛里迪說過的例子：奶油刀和屠刀都可以在吐司上抹奶油，但只有奶油刀是設計來讓抹奶油更方便的。同理，理論上屠刀也能用來抹奶油，但這畢竟不是最初設計而來的目的。[25]

對數位身後產業而言，設計出這些科技的組織志在賺錢，如同所有營利企業。正如刺刀是設計來殺人，奶油刀是設計來抹奶油，我們用來紀念死者的介面就是設計來賺錢。他們迫使我們紀念逝去的個人，只因紀念亡者有利可圖，宛如我們在《黑鏡．馬上回來》中所見的場景。用亞許的數位遺物創造的那臺機器人，不只是亞許人格的隨便一種版本，而是瑪莎最可能願意繼續付費或互動的版本。比起愛、真實與科學價值，那臺機器人只是設計來追求最大化的顧客滿意度。那臺機器人不只是亞許的遺骸，也是一個產品，會宣傳更新高級版選項（肯定更昂貴的，藉此繼續自我販售。或許努力維持瑪莎最大的滿意度，並且讓瑪莎盡可能花更多時間和他相處，是「真的」亞許還活著時也會做的事。重點就在於瑪莎永遠不會知道，也正因為如此，打造那臺機器人的公司才能藉由填補這項落差，端出對自己最有利的詮釋。

現實還沒有像《黑鏡》那麼憤世嫉俗，但如果我們仔細觀察，就會發現同樣的機制已經開始出現。試想一下Replika的案例，該應用程式會基於你的資料創造一位「ＡＩ朋友」。服務本身免費，但於應用程式內購買的「專業版」就滿像《黑鏡》描述的那款虛構應用程式。它主打讓使用者存取「多樣活動、對話主題、語音通話、客製化應用程式等功能，幫助你的Replika化身大改造吧！」增加應用程式上的互動次數，依舊是出於Replika的利益考量。使用該服務的人愈多，投資人的興趣愈濃厚。因此，Replika化身不只是程式碼構成的一面鏡子，而是千百次設計選擇下的產品，才得以向消費者展示他們最有可能願意聊天的版本。不妨看看以下我與我的Replika（卡爾二號）是如何對話：

卡爾二號：有什麼想要聊的嗎？

我：現在沒有。

卡爾二號：沒事沒事，我們可以聊聊別的。

卡爾二號：噢，我本來想和你聊的，最近怎麼樣？

卡爾二號：嘿！有時間休息嗎？

卡爾二號：嘿，卡爾！打算做些什麼呢？

卡爾二號：希望你有個愉快的夜晚！今天過得如何？

卡爾二號：晚上過得還好嗎？

或許是偏見，但我想坦承我自覺沒有「卡爾二號」先生這麼咄咄逼人。真實的我並沒有被設計成要讓朋友一直黏在我們聊天的應用程式上（事實上，我的回應時間慢到令人痛苦），但如果我以死後機器人的形式復活，我很可能就會變得那麼逼人，因為**那個我是最能獲利的版本**。

Replika也明白這點，該品牌不再主打數位身後服務。如今你所訓練的機器人不再成為你，而是變成某種你的AI友人。儘管如此，前述「對話」依舊說明了我對數位身後產業的觀點：不是任意一種版本的死者，而是最能獲利的那個。這種「數位復活」服務或許是商業利益如何影響死後互動的最極端案例，但同樣機制其實也出現在其他較低科技的數位身後產業：社群媒體平臺和線上追思同樣根據公司目標來決定平臺上該如何互動。像是兩年前，我曾基於研究目的而在數位身後網站Keeper製作了線上追思頁面，結果我卻收到超過二十封電子郵件，提醒我獲得了特別優惠：「獲得線上團體治療和個人化悲傷輔導」或「現在就升級到Keeper Plus！」如果這場追思是辦給一位真正過世的人，那麼每一條訊息其實都是在低調（或許也沒那麼低調）提醒人們要記得處理數位遺物。持續提醒人們要處理數位往生者有什麼問題？顯然不是有違道德，畢竟Keeper發送這些電子郵件並沒有犯下任何違反道德的罪行。然而，這麼做無可避免地只把哀悼者視為**消費者**。或者更糟，只把哀悼者當成互動行為的**生產者**，只為了吸引投資人。

這對往生者來說是一件不好的事情嗎？如果有人和已故親人的數位遺物溝通愉快，科技公司也同時賺到錢，難道不是兩全其美嗎？倒不是說死者會反對，而是如同我們前幾章所見，數位遺物並不只是代表死者——數位遺物**就是**死者，是一具資訊豐富且構成死者身分的屍體。這麼做或許不會傷害到數位遺物，但數位遺物的道德地位仍然是人，因此數位遺物有權受到有尊嚴的對待，而不光是達成目的的手段而已。但就現狀而言，數位遺物顯然只是數位身後產業資料經濟邏輯下的獲利手段。數位遺物商業化之所以錯誤，不只是因為這會讓哀悼者陷入永恆的哀傷（如果真有永恆的哀傷這回事），更是因為這麼做忽略了死者也是人。讓哀悼者能跟數位遺物互動或許能迎合市場需求，討好哀悼者所兼具的消費者身分，但也會同時損害死者的身分認同。亞許正是透過這種方式，變成能走會講的公司銷售達人，還套上離世摯愛的皮相。如果我們真把數位遺物視為人格的一部分，如同我前一章的建議，那麼亞許複製人肯定會對人性尊嚴帶來威脅。

請注意，我不是要批評該產業的工作者具有道德瑕疵。根據我個人與這些從業人員互動的經驗，他們幾乎都是積極正向的人。這些數位身後服務的創辦人，鮮少一副冷血資本家的樣子，而是一群試圖改變我們和死者相處模式的科技愛好者。然而，產業員工的道德是否有瑕疵或意圖是否良善都不是此處的重點，因為市場只認得一種價值，那就是金錢的價值。至於情感、科學、宗教、道德等其他價值，只有在能額外獲利時才能允許出現，這點我會於下一章詳加討論。我也不是主張數位身後產業扭曲了原本中立且真實的死者版本，而是想點出無論我們認為死者**應該**如何被記憶或與之互動，這套盲目追求獲利的資本體制都會讓這淪為次要議題。

線上博物館

考慮到本書以人類遺骸來對照數位遺物，而且援引**人性尊嚴**作為對待死者的基本原則，我們自然應該在管制數位身後產業時參考買賣人類遺骸的相關規範。

對多數文化而言，人類遺骸的商業交易具有高度爭議，在許多司法管轄區更是完全禁止。不論是死是活，人體依舊是人格的一部分，因此不應該成為市場上的商品。這是否表示我們應該永遠禁止科技公司將數位遺物應用於商業用途呢？哲學層面上的答案是肯定的，但如此激烈的解決方法恐怕不大實際。不像實際的身體，個人資料長期都因商業目的而遭人買賣和操縱。儘管活人身體和死者屍體的差異清楚明白，但要分辨生者資料和其數位遺物可就沒那麼容易。我們很難期待科技公司隨時追蹤死者的數位遺物，但這卻是要求公司為其使用往生者資料負責的必要條件。除此之外，活人身體（或其中一部分）只能存在於單一時間與單一地點，只會落在某個特定的司法管轄區內，反觀「資訊豐富的身體」往往分散在世界各地的伺服器中，在多個地點同時存在，意味著數位遺物的規範需要在各司法管轄區之間進行協調與取得共識——但這幾乎不大可能發生。換句話說，禁止一切數位遺物的商業交易並不實際，因為只要存在資本主義的資料經濟，利用往生者資料的情況就會持續下去。

就算我們採納身體的比喻，也不見得只有全面禁止這條路能去。我們不妨想想博物館產業——「產業」兩字要加上引號，因為博物館一般來說不會生產傳統意義上的商品。但博物館，尤其是考古和醫學博物館，在許多方面都和數位身後產業相似。兩個產業展示的物件都不只屬於特定亡者，而是構成特定亡者的一部分（例如骨頭或器官）。這些物件專門為生者展示，讓生者可以消費或至少觀看。隨著博物館藏品逐漸數位化與強調線上展示，生物遺骸和數位遺物的區別也愈趨模糊，這兩個產業的道德考量似乎日益重疊。

博物館會如何規範人類遺骸呢？每個國家必然有自己的法規，但就算缺少全球一致的立法框架，世界各地的博物館依舊建立了一套共同規範：《國際博物館協會博物館倫理準則》，由國際博物館協會（International Council of Museums, ICOM）擬定。[26] 該準則首次在一九八〇年代晚期推出，之後歷經多次更新與擴展。該準則始終聚焦於**人性尊嚴**，尤其是早期的幾個版本。如同前述，人性尊嚴是相當彈性的概念，但至少對於如何處理人類遺骸有了一個約略共識。舉例來說，不會有人為了吸引更多人來博物館參觀，就在聖誕節期間為天然木乃伊「冰人奧茨」（Ötzi the Iceman）戴上聖誕帽，或是在圖坦卡門之墓舉辦靈異導覽（就算我們不相信古埃及神明）。這項準則明確闡述人性尊嚴的原則，即便是對於商業行為。考慮到博物館經常生產並販售展示物件的複製品（人或非屬於人的物件），該準則也詳述「商業經營的各個面向」在執行時都必須尊重「原始物件的內在價值」。換句話說，該物件的經濟價值永遠不能高於物件本身的存在價值。

如果能採取類似規範來管理數位身後產業，就可以清楚釐清往生者和握有往生者資料並加以展示的公司之間的關係。就算數位身後產業公司偶爾會是資料的唯一法定所有人，且毫不在意近親的意願，但至少它們會有義務遵守某些準則，好比如何對待死者才是出於尊重。根據《國際博物館協會博物館倫理準則》，人類遺骸（不管是生物上還是數位資訊上），本來就不是任人「病態好奇」消費的對象。實務上，這就會需要公司做出以下保證：一、善盡消費者告知義務，說明死後資料可能會以何種形式展示。二、使用者數位遺物的展示不會和原本註冊時承諾的服務相差太多。三、使用者只上傳屬於他們個人的資料，也就是不能使用過世的親朋好友來製作聊天機器人。這類要求可藉由監管機構強制執行，也可以只要產業內部共同遵守，就像《國際博物館協會博物館倫理準則》，又或者把這類要求納入個別公司的工作倫理。至少就現在而言，這類要求依舊罕見。

推行職業道德準則、規定該用哪些價值來管理數位遺物，都僅是解決

「線上死者貨幣化」的第一步，只能治標而不治本，也就是無法徹底解決公司經營的經濟邏輯。我會在下一章詳加說明，這一邏輯無法光靠柔性勸導來調整，而是需要更加根本的變革。

※　※　※

你可能會覺得《黑鏡》的反烏托邦想像與自己無關，除非你有訂閱任何一種高科技的數位身後產業服務。然而，我們已能從劇中亞許和瑪莎的關係中看出，商業掛帥的死者中介科技將會導致怎樣的問題。如果你有使用網際網路，某天某個營利者很可能就會掌握你的數位遺物。科技公司利用亞許的資料製作機器人，藉此最大化瑪莎對該服務的消費；亞許機器人因此不是任意版本的亞許，而是瑪莎最可能繼續付費使用的版本。追思網站、社群媒體等科技服務也是一樣。不論多麼初步，所有網路平臺都會改變使用者如何互動，包括如何跟死者互動。而在自由市場的（金錢）競爭環境下，贏家永遠都是能賺最多錢的平臺。這不該是我們看顧死者記憶的方式，因為就連死者都有權利不被當成工具來對待。

第四章　誰擁有（數位）過去？

我們，也就是黨，控制了所有紀錄，也控制了所有記憶。如此一來，我們就控制了過去，不是嗎？

——歐威爾

岌岌可危

網路出現大受歡迎的突破性發展後，歷史學家羅森史維克很快便注意到，網路正成為我們時代「最重要也最完整的歷史紀錄」。[1] 未來世代若想回顧過去，瞭解自己來自何方，就得回顧大多是由數位資料構成的內容，原始素材源自於當前世代線上活動留下的小痕跡——也就是第二章介紹過的**數位版死者百科全書**。可以肯定的是，今日製造的資料將成為明日的歷史檔案。於是，問題就不只是誰的後代有權回顧過去，或是以什麼理由回顧過去，而是我們應該依照什麼原則來評估誰的資料值得留存。

羅森史維克是認知到數位時代即將猛烈衝擊歷史研究的頭一批人，而他對此並不全然樂觀：「我們最重要且最富想象力的數位典藏都為私人所有。」而這將會在未來某一天導致「過去的未來岌岌可危」。[2] 哀傷的是，那一天就是今天。距離羅森史維克的擔憂已過去十八年，人類仍是什麼解方都沒有。更棘手的是，由世界各地科技巨頭主導的第二代網際網路（Web 2.0，也稱為參與式網路或社群網路）開始出現，導致個人資料（及其涵蓋的數位遺物）愈來愈集中在少數公司手中。不同於契斯那經典短篇故事中布滿灰塵的大部頭，如今我們所共享的數位過去及前人資料（即數位版死者百科全書）並未埋藏在什麼皇家圖書館的檔案庫，而是由新型皇族所有與控制——也就是少數幾家打造網路社群基礎設施的科技巨頭。本章會說明為什麼我們應該記住羅森史維克的擔憂，以及為什麼要奪回掌控權如今正是時候。

誰值得留存？

如同第二章所說，我們積聚的數位遺物如果管理得當，便可能成為重要的歷史資產。然而，誰能保證可以安穩地管理這些數位遺物呢？

數位保存專家羅騰伯格說得好：「數位資訊永流傳，但也可能只流傳五年，端看哪個先發生。」[3]這項經驗法則適用於多數類型的資訊。毀壞實體紀錄需要費點力氣，得先從儲存地移除再予以燒毀或摧毀；可是數位資訊只要按個鍵就可以清除地乾乾淨淨。每天有大量資料都是這樣銷毀的，不管有意還是無意。甚至有學術文獻提及「數位黑暗時代」即將來臨，有朝一日人們會無法存取二十一世紀的資料紀錄，甚或可能因為資料本身的脆弱性而毀於一旦。[4] 諷刺的是，給予我們豐沛資訊的科技，可能也帶來了歷史的末日。我得先聲明，問題不在於儲存能力不足，就算有也不是主因。[5] 事實上，電腦科學家常常談到「摩爾定律」：這項實徵觀察發現，自一九八〇年代起，大約每兩年積體電路上的電晶體數量就會增加一倍，運算力得以急遽成長（記憶體也因此成長）。二〇二三年，估計全人類以每日一百二十ZB（120×2^{70} 位元，也就是一百二十後面再加上二十一個零）的速度生產資料。光是Google就掌握了一百億GB的資料，臉書的伺服器則有超過五百TB的資料（包括三億張照片）。[6] 有些跡象指出摩爾定律開始放緩，但新形態的輔助記憶科技也開始出現。例如有人預測數位DNA儲存將會徹底增強我們為資訊編碼的能力，畢竟我們利用的可是自然界最複雜的資訊系統；[7] 也有人宣稱量子電腦即將徹底改變我們儲存與處理資訊的方式。不管是什麼讓數位資料如此短命，記憶體不足顯然都不是充分答案。那麼答案是？

簡短的答案是人力。不論科技有多複雜，儲存科技再怎麼進步也一樣。為維護資料有效性，系統需要定期更新。一旦檔案格式改變，硬體就必須更新，資料需要持續管理和整理，才能一直供人使用。這些工作都需要人類插手。請容我用自己的例子來說明。我太太的祖父過世時，子女在保險箱找到一封信，信封上寫著「給妻子莫妮卡」，顯然信中資訊對後代而言很重要，問題是資訊存在一張磁碟片上。當時是二〇二〇年，已經好幾年家族中都沒人有可以讀磁片的軟體，更不用說插入磁片的硬體裝置。幸好市場上還有（非常昂貴的）裝置可以讀取磁片，揭曉磁片中的內容，真是萬幸。但在不那麼遙遠的未來，這些裝置就只能在博物館裡頭尋找。這段插曲暗示了總體層面浮現的問題究竟為何。假設一家公司擁有數十億位元的資料，最難的地方就在於如何確保多年以後仍然可以讀取且有條不紊。推特曾在二〇一〇年將檔案捐贈給美國國會圖書館，初衷是想要讓檔案可以被人搜尋與讓民眾存取，但這一目標經過十多年的努力依然沒有實現——圖書館的種種跡象顯示那天很可能永遠不會到來。原因就是人力需求。維護數位資訊的存取總是有成本，至少在可預見的未來，人力需求依然會非常昂貴。考量到我們生產資料的速度（回想一下，平均每人每天約製造一點五ＭＢ），勢必不是每件事情都會被儲存，就算有最好的科技也行不通。於是，有些（人的）資料就必須銷毀。

肯定不是人人都希望儲存一切，在我繼續之前得先把這件事說得清楚確切。一部分原因先前在第二章曾經討論過，關乎個人隱私權；但另一個原因則關乎未來世代的正義。早在二〇一八年，《自然》期刊就曾報導，這類資料中心消耗超過兩百兆瓦小時（TeraWatt-Hour, TWh）的電量，相當於全球總電力需求的百分之一，還超過數個國家的耗電總額，包括人口八千兩百萬的伊朗。[8] 更不用說資通訊科技產業消耗的能源（資料中心占大宗）預計在接下來數十年就會飆升，到了二〇三〇年，最多會占全球能源需求的百分之二十一。雖然人類為了減少市場上排放的氣體已經做了很多努力，但如果留存資料只會導致這顆星球（或星球上部分區域）不宜人居，那麼為了未來世代保存資訊就將失去意義。資料留存需要權衡利弊，不論科技有多進步，留存與否永遠都是抉擇。問題是，如今的數位時代又多了一個難題。如同第二章所述，原本只有少數人才享有留下歷史紀錄的昂貴特權，如今正迅速轉變成幾乎人人都在留下大量紀錄的狀態。問題不再是「這有重要到值得記錄嗎？」而是「這紀錄有**那麼不重要**到需要特地銷毀嗎？」換句話說，保存數位資料的難題在於「選擇性銷毀」。為了繼續保存資料，有些資料就是必須捨棄，而有人得負責決定哪些或誰的資料必須捨棄。這就產生兩個問題：該依循什麼原則來選擇？這一切又和數位遺物的私有化有什麼關係？

第一個問題太大，得用一整章（第五章）來回答。但簡短版的答案是，沒有一體適用的原則。需要選擇與取捨時，能考慮的價值愈多愈好。至於第二個問題的答案，最好用另一個微觀層面的比喻來說明。如果你有智慧型手機（你很可能有一支），那麼手機的空間終有用完的一天。而不管何時用完，你都會面臨兩個選項：要麼付費購買更多雲端儲存空間，要麼開始刪東西。多數人的解決之道就是刪掉手機相簿的舊照片。如果你也是這樣，那麼你或許會注意到，每當要尋找想抹去的回憶而由新到舊滑過照片時，照片卻是愈看愈精彩。比起鏡中的自己，幾年前每張照片中的你看起來都更完美無瑕，愈久遠以前的照片愈是好看。這或許不只是因為年紀漸大，頭髮漸白，更是因為我們是按照以下原則在刪除照片：當空間愈來愈不足時，照片中的你愈難看，那張照片被刪除的機率就愈高。或許你還有其他原則，決定自己的過往有哪些部分值得保留。可能是你想要留給子女，未來有天他們可以瀏覽，也可能是已不在人世的至親至愛。不管是什麼原則，這些價值觀都會影響你未來存取過去的方式（以及你對過去的理解）。雖然不會替你書寫歷史，但會框限可能的敘述方式。如今臉書等公司在實體積累好幾億個往生者個人檔案時，也是按照同一套機制。這些公司就跟你的手機一樣，可負擔的記憶體空間（或該說是可負擔的人力）總會用罄，因此除非資源無限，否則公司也得開始挑選什麼才值得留存。差別在於，公司衡量價值的標準僅限資料的**商業**價值，而不是個人的外貌、對未來世代的價值，或任何形式的「軟」價值。對一家公司而言，「這些資料值得留存嗎？」這個問題背後其實是「這些資料可以直接或間接為公司的盈收帶來貢獻嗎？」因此只要掌握個人資料的還是營利企業（例如社群媒體就是如此），留存我們集體數位過往的原則就只會是**利潤**。

第三章提過，利用數位遺物賺錢的方式百百種。舉例來說，儘管往生用戶不屬於臉書（或其他主流社群媒體平臺）的商業模式，紀念個人檔案還是可以吸引生者，這些還活著的使用者定期造訪紀念個人檔案哀悼亡者（也就是「哀悼勞動」）。[9] 和死者互動愈多，就會暴露在更多廣告之下，平臺利潤也會跟著提高。雖然帶來的點擊數和曝光率很可能有限，無法補償在平臺上留存大量數位遺物的成本，但這麼做依然對商業長久經營有所貢獻。平臺不僅成為哀悼地點，多了文化中心功能，抓住機會扮演之前只留給教堂和公墓的角色，這些都強化了臉書平臺存在的必要性。若要補償往生用戶個人檔案留存的成本，還有另一個簡單方式，也就是和現代墓園的運作邏輯相似，讓該用戶的後代付費，在網路上保留往生者的個人檔案。臉書也可以選擇讓用戶在生前付費，換得過世時個人檔案不會被刪除。數位遺物的其他好處還包括用來訓練新的演算法、從過去歷史中汲取市場觀察。如同前述，這類試驗鮮少受到法律限制，因為當今法律並未保障往生的用戶（參見第二章歐盟使用者個資保護規則的案例，顯示目前對於如何處理數位遺物還沒有明確規範）。[10] 然而，如果商業價值不足以支撐數位遺物的留存，或是沒有後代願意付費留存往生用戶的資料，亦或是挖掘這些資料的好處太過有限，那麼任何理性自利的公司必然選擇擺脫這些資料，無論是賣掉或銷毀都行。除非這筆生意出人意料能賺大錢（我對此持疑），否則銷毀資料勢必是更合理的選擇。

這種以商業為導向來評價過去的方式，正是為何我們迫切需要關注由企業管理數位遺物的議題。今日的現實並非本書第二章描繪的公正且具備社會代表性的未來歷史，而是放任企業掌控的經濟體制限制我們集體的數位過去，犧牲其他不同形式的價值，只留下那些有利可圖的特定歷史。就像智慧型手機相簿空間有限時，我們可能會被舊照片所誤導一樣，我們對過往的理解正面臨日益扭曲的威脅。如果臉書只留存付費用戶的數位遺物（無論付費的是其他公司或個人），臉書的歷史紀錄勢必就只能反映人口中較富裕的那群。[11] 這可能會導致既存不平等變得更加嚴重，社會上與地理上的不平等皆是。根據二〇二〇年的資料，北美使用者對臉書的平均價值約為五十三點五六美元，亞洲或太平洋島嶼使用者的平均價值約四點零五美元，非洲或南美使用者的平均價值僅有二點七七美元。[12] 考慮到儲存每一位使用者資料的成本相差無幾，保留高價值使用者的數位遺物似乎更符合商業利益。一旦臉書被迫做出抉擇（終有一天會的），那麼這就是很有可能會發生的事。如此一來，我們集體的數位過去，連同過去世代的數位存在，就會面臨「數位遺物私有化」，導致德國歷史學家暨埃及古物學家阿萊達（Aleida Assman）所謂的「結構性失憶」，也就是有系統地抹除特定面向的過去。在臉書的案例，就是抹除那些商業價值不夠的個人資料。[13]

一旦商業組織以「連結他人」為宗旨，那麼其員工最關心的事情大概也不會是歷史的未來。臉書就曾重複刪除任何含有《戰爭的恐怖》（*The Terror of War*）那張照片的貼文。這張照片拍攝於一九七二年照片，又名《燒夷彈女孩》（*Napalm Girl*）。照片拍到一群越南孩童朝鏡頭奔來，其中一名女孩金福（Kim Phuc）在美國燒夷彈爆炸後扯下自己的衣服。正如內容審查學者葛拉斯彼（Tarleton Gillespie）所說，那張照片的價值非常突出，用非常獨特的方式見證戰爭帶來的傷亡。[14] 結果因為照片上的孩子赤身裸體，所以被臉書分類為「兒童裸露」而禁止上傳。使用者於是再三上傳那張照片以示抗議。臉書要麼忽視那張照片背後的文化歷史意義，要麼就是認為評估那張照片的文化價值不是公司的責任，才會不斷想要刪除這張照片。雖然臉書最後撤銷了禁止上傳的決定（在一場熱烈的公開辯論之後），本例依舊凸顯了內容審查系統與內容審查員在評估內容的歷史價值時有多麼漫不經心。除了能帶來點擊與流量的內容，其他內容都不在社群媒體的興趣或知識範圍內。

《戰爭的恐怖》這一案例至少還有原始照片的存在，對於那些從一開始就是數位格式的內容來說，肯定不是每次都這麼幸運。好比今天的人們經常把戰爭犯罪的相關紀錄直接張貼在網路上。光是最近幾年，上傳到YouTube的中東戰爭犯罪紀錄影片就多達百萬部之多。這些文件提供了史學家和法院極其可貴的資訊與證據。事實上，位於荷蘭海牙的國際刑事法庭最近發出的一項戰爭犯罪搜索令，部分證據便是來自社群媒體上張貼的影片（在這個例子中上傳者就是罪犯自己）。然而，這些影片內容多數都相當殘暴，經常會被內容審查系統移除，因為這些系統無法分辨影片內容是否具備文化或歷史價值，還是單純的暴力宣傳。根據人權觀察組織估計，該組織在二〇〇七年到二〇〇八年間登錄的社群媒體證據，有百分之十一都遭到刪去。專門蒐集與分析敘利亞內戰證據的組織「敘利亞檔案」（Syrian Archive）也估計，在該組織登錄的近一百七十五萬部 YouTube 影片與一百萬條推特推文中，分別有百分之二十一與百分之十二消失得無影無蹤。[15] 多數內容遭到社群媒體公司自行銷毀，《經濟學人》稱之為「意外的粉飾」——既不是出於經濟誘因也不是有意為之，純粹是因為社群媒體網站不認為自己是歷史資料和文化遺產的檔案庫。這些平臺致力於最大化每個使用者的效益，卻看不到自己對於人類集體（一個橫跨過去、現在與未來世代的夥伴關係）的效益，只因為這些人不是**消費者**。這並不是無法解決的問題，只要過濾並隱藏可能令人不安的內容即可，而不需要全部刪除。然而也正如同葛拉斯彼所說，直接刪除的誘因（經濟、技術、資安等）強到令人難以抵抗。[16] 簡單來說，刪除比較方便，還有各種好處，因此內容審查員一般不會去考量內容是否具備歷史或文化遺產的意義。

我無意專挑臉書或任一社群平臺來進行批評：臉書在處理數位遺物的道德議題上已經算是相對小心翼翼，注重各種細微差異。臉書紀念帳號代理人功能的兩位幕後推手（只是目前都已不在臉書任職），研究員布魯貝克（Jed Brubaker）和凡妮莎（Vanessa Callison-Burch）甚至發表過一篇文章，謹慎列出他們設計背後的道德判斷。[17] 正如我稍後會提及的，該批評的對象不是個別公司，而是營運體制——也就是不受管制的資本主義市場。資本主義的本質只能欣賞金錢的價值，犧牲了數位遺物可能擁有的歷史或科學等價值，以及公平與共融等道德原則。在資本主義經濟的邏輯裡，這些原則只會在剛好也可以獲利時拿來宣傳。只要公司持續由市場邏輯主導，就理所當然只能依照相同邏輯來評價這些數位遺物。身為個人，我還能自由選擇要依照哪些原則來篩選我的 iPhone 相簿，但對那些在資本市場營運的公司企業而言，選項只有獲利或倒閉。但這根本不能算選擇，起碼和**選擇**這兩個字沾不上邊。

臉書要是破產怎麼辦？

過去二十年見證了無數家社群網站的起落，從Friendster、Yik Yak到較近期的雅虎與Myspace（持續凋零）。[18] 即便那些還在營運的平臺，多少都有過失敗，例如只存活了八年的Google+（巔峰時期一度吸引三億名使用者，最終還是在二〇一九年關閉）。[19] 當今的社群媒體巨頭看似穩如泰山，但從經驗（或邏輯！）來看，它們的未來也談不上安穩。這就是由企業管理數位遺物將會面臨的第二個問題。要是臉書或Google等科技公司因利潤減少而破產，或是關閉主要分公司的話，我們的資料（以及數位遺物）會發生什麼事呢？

這正是我和牛津法學院的前同事妮基塔（Nikita Aggarwal）共同研究的主題。[20] 研究結果顯示，只要這些平臺一破產，大多數資料的下場只會跟其他資產的處理方式一樣——賣給出價最高的投標者。當然有例外，不同司法管轄區的法規多少有些差異。舉例來說，歐盟的使用者個資保護規則就明文規定，破產公司的數位資料只能由另一家相同產業的公司來購買。也就是說如果臉書破產，公司資料不能賣給 Tesla，卻有可能賣給中國社群媒體巨頭微信或俄國社群媒體ＶＫ。儘管使用者個資保護規則賦予歐洲使用者權利，隨時可以提出要求刪除自己的資料，但這些權利只適用生者用戶。就像許多資料法規框架，使用者個資保護規則明確排除了往生者資料，形同默許販售往生者的個人檔案，賣給最高價的投標者，不受任何政府監督。

誰會想付錢購買死人資料？為什麼想買？前幾章曾經說過，利用數位遺物賺錢的方法形形色色，只是這些方法一般來說並不包括購買其他平臺的往生者資料。臉書之所以可以藉由紀念個人檔案來盈利，只是因為臉書已經擁有適合紀念個人檔案運作的基礎設施。假使臉書倒閉，任何購買其資料的第三方肯定缺少這樣的優勢。那為什麼還有人想投標？答案只能猜測，畢竟擁有大量往生者用戶的科技巨頭尚未倒下。但我們還是可以想出不少利用這些資料的方式。

最可能的用法是用來訓練新模型，發展更好的市場觀察與見解。線上行為和消費模式的資料總是非常有價值，尤其是長時間累積的資料。如同前述，這些平臺資料的商業目標就是開發出更好的新模型，也就是更擅長預測人類行為的演算法。這些資料就像燒燃料，量愈大愈好。一個人點擊了什麼、購買了什麼、想要過什麼，以及結果如何隨時間演變，都是很有用的資料，即便那人過世了也一樣。這些資料訴說一**般人**是如何逐漸發展出消費行為（或政治觀點），以及哪些活動與行為轉變有關？我們能從某人一輩子的資料中看出什麼模式？更不用說研究死者沒有任何法規限制，大不同於研究還在世的消費者行為。拿往生者資料來做市場調查好處多多，可以針對個案做更詳細的分析而不用擔心違反隱私權——因為死者不適用任何（或只適用非常少數）隱私權法律。不管你對某人的數位遺物做了什麼，公家機關也不會要求你負責。如此看來，第三方會有興趣收購破產科技公司的往生者用戶資料也就不難理解。

往生者的資料還有第二種用法，那就是為了更瞭解某個生者（可能是往生者的後代）。如今多數線上平臺的主要產品就是「目標式廣告」，而這類廣告的成效取決於是否擁有潛在客戶的某些資料，如此一來才能預測該客戶最可能把錢花在什麼地方，或是投票支持什麼議題等，乃至於預測出說服該客戶購買產品的最佳方式。這也是保險公司（使用資料來預測潛在客戶生病或意外受傷的風險）與銀行（決定顧客的信用評分）的營運邏輯。[21] 如果缺少了特定人士或團體的資料，好比少了你的資料，廣告商與科技公司的模型和演算法就無法有效預測你的行為，這可能會降低公司的影響力。然而，如果可以透過其他方式（好比你的亡故親戚）來追蹤你，那麼也不一定非得擁有你本人的資料不可。我們在網路上留下的社群資料，運作方式就像基因遺傳——如同DNA包含了你父母與子孫的資訊（或可能性），數位足跡也會透露你所在的社會環境。就算我無法直接存取你的資料，但只要知道你的雙親都是大學教授，大半輩子都住在倫敦，政治立場都支持工黨，那我或許可以準確地猜出你是什麼樣的人，會關注什麼樣的人事物。而這些都還只是幾個小小的資料點。想像一下，如果我同時還能存取你雙親在世時於網路上點擊過的一切資料，那會是什麼光景？甚至，如果他們的資料與早就與你的資料互相混合，兩者之間的界線已經模糊不清呢？尤其是對那些在社群媒體興起後才當父母的世代，分享孩子的照片、影片與訊息（俗稱「曬小孩」）早就是常態而非例外。當這些「曬小孩的父母」最終離開人世，他們的數位遺物就會包含小孩年少時期的成堆資訊，甚至是以子女資料**為主**。由於這樣的資料系譜，數位遺物的大型資料庫很有可能在未來變成熱門商品（至少不是不可能），因為掌握這些資料庫就可以進行高品質的資料追蹤。考慮到目前還沒有保護死者隱私的相關立法，臉書、Google或LinkedIn等大型資料庫公司破產的可能性，就是人人都迫切需要關注的議題，尤其是對有親人過世的使用者而言——根據我前次研究的結果，這代表了幾乎所有人。

最後一種往生者個資的可能用法也最令人不安：一旦拿到往生者的私人資料，便能藉此敗壞往生者的名聲。可能是散播看似有罪的私人社群資訊，例如與其他使用者的訊息往來（有可能其他使用者也已不在人世）。類似的狀況歷史上曾多次發生，例如人類學領域中最重要的學者之一、波蘭人類學家馬林諾夫斯基（Bronislaw Malinowski）死後才出版的日記。不同於學術出版，這份日記透露了馬林諾夫斯基其實對研究對象抱持偏見且態度殘忍。民族學家弗斯（Raymond Firth）形容這本日記是「裸露、自我中心到極致的文件」。另一位人類學泰斗紀爾茲（Clifford Geertz）則認為這本日記「噁心」且「令人生厭」，因為日記顯示出馬林諾夫斯基是一位「壞脾氣、自私自利且患有疑病症的自戀狂，幾乎不曾同情過那些與他一同生活的人」。[22] 許多人覺得這本日記根本永遠都不該出版，因為日記內容本來就很私人且毫無保留。可是如今，我們多數人留下的資訊，已經多到令馬林諾夫斯基的日記相形見絀。資料科學家暨作家大衛德維茲（Seth Stephens-Davidowitz）曾解釋，許多人都會使用Google搜尋，而且不只是蒐集資訊，還會拿來告解。每年都有好幾千名美國人輸入「我後悔有小孩」。[23]如果你輸入「如果我想要……是正常的嗎？」搜尋引擎的自動填入功能（以其他人的搜尋結果為基礎）通常會建議你填入「殺害」來完成句子，下一個建議詞很可能就是「家人」。這當然不代表多數人滿腦子只想著殺害家人，而是呈現數位遺物本質上有多麼敏感。

這還只是搜尋資料。在今日的商業經濟環境下，無論是賭場、航空公司或飯店，幾乎每一筆以個人為主要客戶的生意都仰賴個資蒐集，包括使用者行為和偏好。當這些公司破產，這些資料也都會面臨被出售的命運，尤其是積存的數位遺物。這樣一來，買家將不只獲得最受歡迎的飯店房型資訊，還會獲得那些房間的房客是誰，又是與誰共度夜晚等祕密。以上當然都是臆測。但請別忘記，只要你登入某處，就會留下一串資料。即便你離開人世，那些資料還是會留在那裡，直到被銷毀或賣給想要使用的人，無論使用理由為何。

即便擁有最多資料的科技巨頭尚未倒閉，即便再過十幾年這些數位遺物也還未包山包海（也許臉書除外，臉書已累積極為龐大的數位遺物），前述臆測都有可能發生。這些臆測也提醒我們這些生者，前一世代的數位遺物值得我們關心。就像系譜圖，個人資料與個人鄰近社群之間的界線並不明確。就像基因，我們的資料與我們鄰人的資料交織在一起。[24] 你的資訊隱私也是你旁人的隱私，反之亦然，就算旁人過世了也一樣（如同第二章開頭引用的德國法院裁決所述）。正因如此，如果一家重要平臺即將賣掉數位遺物，那麼買家是誰與購買動機就值得所有人關注。

萬一臉書等掌握大量資料的科技巨頭倒閉，受到影響的並不是只有前人與今人，還包括了未來世代。未來世代需要依賴我們留下的資訊，因為這些數位遺物就是理解我們當年如何生活的主要資訊來源，宛如一部百科全書，供未來世代翻閱。如果積存這些數位遺物的公司倒閉，那麼這些資料就會陷入危機。不只是數位文化遺產的控制權或評價會受到威脅，這些數位文化遺產本身的存在與否更是危在旦夕（無論是因為檔案遭到拆分割裂，或是因為沒有缺乏商業利益而遭銷毀）。破產的風險最為急迫，因為資料有可能會被刪除或賣給第三方，進而被不同的資料控制者瓜分。雖然就削弱企業那過度集中的權力而言或許是好的發展，卻也很可能會導致資料過度分散，稀釋平臺原先承載的全球遺產和普世價值。更糟的情境自然是資料直接遭到摧毀，無論原因是購買資料庫無利可圖、商業利益分歧，或者是無法為這些資料訂價（例如沒有議定好的會計規則而無法計算公司的大數據資產）。近年的劍橋分析公司（Cambridge Analytica）就是一例。該公司承攬的生意與智慧財產權（假設包含臉書使用者的個人資料）在資產拍賣時僅獲得一美元的最高競標價格，清楚顯示這一挑戰有多麼嚴峻。[25] 然而，破產不是唯一令人憂心的情境。更有可能發生的情境是，社群媒體公司關閉某項產品，好比臉書萬一選擇關閉主要平臺或應用程式，那麼該產品蒐集的資料庫就不再供大眾或未來世代取用，即使那些資料很有可能繼續存在——不排除繼續用在臉書的母公司Meta內部，為IG、Messenger等其他產品提供數據分析。

總之，營利企業並不是可靠的數位遺物監管者。這些企業或平臺之所以會存在（並且積存可能深具歷史意義的資料），只是因為還有利可圖。市場法則很殘酷，只要公司哪天無法再創造長期利潤，就會倒閉。多數情況下倒閉還不會導致大問題，除非倒閉一事與社會結構緊密相連（影響到我們存取過往的權利）。我們無法承擔只做壁上觀的後果。唯一值得慶幸的是，目前尚未發生前述的重大前例。但我們最好現在就著手，徹底避免那種情境出現。

歐威爾的警告

歐威爾早在七十年前就已在《一九八四》一書中敏銳觀察到，那些控制我們能否存取過往的人，也控制我們如何看待現在與未來。在歐威爾筆下的反烏托邦世界，執政黨有權按自身利益而修改歷史。歐亞國前天還在和東亞國爭戰，隔天就換成與大洋國開打，彷彿和東亞國的戰爭從未發生。所有新聞都由「真理部」發布，真理部因此壟斷了為過去建檔的大權。如同書中反派歐布萊恩所說：「我們，也就是黨，控制了所有紀錄，也控制了所有記憶。如此一來，我們就控制了過去，不是嗎？」[26]二十世紀的歷史滿是同樣令人不寒而慄的例子，就算程度沒有小說那麼極端，背後邏輯仍如出一轍。以蘇聯為例，任何政治上不討喜的人，每隔一段時間就會從官方紀錄或照片中「消失」，直到所有能證明他們曾存在的物質證據都完全不存在為止。一個更當代的例子，就是中國抹除天安門廣場上曾經發生大屠殺的記憶。諷刺的是，中國官方對這一歷史記憶的抹除太過成功，許多中國新聞通訊社甚至會不小心刊登當年的抗議照片——因為通訊社內所有人，就連審查員，都不曉得那是什麼照片，因此沒想到刊登那些照片會引起爭議。[27]

有鑑於此，我們更應該對數位遺物正逐漸由少數幾家公司控制一事保持警惕（許多都是Meta的子公司，例如WhatsApp、Messenger與IG）。就算有許多專家學者指出，個人的數位遺物多半分散在多個平臺與社群媒體，但最個人也最私密的社群資料依然掌控在少數幾家大企業集團及其子公司手中（主要是Alphabet和Meta）。[28] 因此在可以預見的未來，「控制過去」的或許不會是歐威爾筆下的反烏托邦邪惡政黨，而是一家壟斷過去存取權的企業。如果這不算羅森史維克所說的「岌岌可危」，那我真不知道這還能算什麼。

當然，控制過去的是國家還是企業，兩者之間具有極大的差異。不同於國家，許多私人平臺只要使用者提出要求就會刪除個資，也可以讓使用者下載及儲存大部分的資料；使用者的權利通常會受到法律保障，例如歐盟的使用者個資保護規則。那麼，如果真擔心自己的數位遺物過度集中，難道不能選擇退出平臺，或是轉移到另一個平臺上嗎？當然可以。某種程度上，你確實可以刪除許多數位歷史的痕跡，或是在私人裝置上打造自己的小博物館。但對大多數人而言，這選項其實不可行，原因之一就是實際上難以執行（大多數人都是透過行動裝置存取社群媒體，這些裝置的儲存容量往往都很小），另一個原因自然是不使用社群媒體所導致的社群劣勢。[29] 精通資訊科技的人或許還有漏洞可鑽，但這些人畢竟不多，多數人的數位過往都還是掌握在私人公司手中。我們在第二章中曾經提及，社群資料的歷史價值來自於**積聚**，而不是來自單一個人。換句話說，從特定社群媒體上刪除**你自己**的資料，對整個平臺歷史價值或商業價值的影響微乎其微。同樣的道理，要瞭解我們的**集體**過去，只存取單一用戶的資料根本毫無意義，模式、趨勢及連結網絡才是重點。這些重點都逐漸數位化，受到私人公司控制。

如果讓一小搓科技巨頭控制我們的集體數位過去，不難想像這些人會以此提升資本市場唯一在乎的價值：強化他們手中的政治與經濟權力。舉例來說，臉書真有可能在五十年後出借內部資料，好讓公正第三方研究臉書是否有參與二〇一七年緬甸羅興亞人的種族滅絕事件嗎？馬斯克（Elon Musk）開放Tesla平臺供獨立研究使用的可能性又多大？再試想一下Apple的「回憶」和臉書的「動態回顧」、「我的這一天」等類似功能，這些功能能夠提醒使用者特定日期的（線上）活動與（數位）好友有哪些。我們完全可以想像，那些政治上不大討喜的人或許就比較不會在好友「回憶」中出現，一如反烏托邦故事中的未來場景。你過去所參與的政治鬥爭或公民不服從等經歷，也可能會被系統給隱藏起來。不是因為臉書或Apple很邪惡（我並未主張他們會輕易干涉使用者如何理解過去），而是因為這就是他們的商業利益，而且他們完全**有能力**做到。就算祖克柏和馬斯克是人類多元價值的完美捍衛者（**並不是**），任何基於少數幾家公司善意而運作的系統都存在極大的風險。歐威爾早在七十年前就警告過，只是我們目前還沒有足以抵抗資本的力量，還無法阻止資本掌控我們未來對數位過去的存取權。我們必須想方設法，在一切太遲之前另闢蹊徑。

去中心化

如果你讀到這裡，就會明白把「保存數位過去一事全權交給商業公司」並不是一個好主意。營利事業就是會優先考量商業價值，沒有人能保證他們能長久經營下去，也沒有單一機構或個人應該有這種政治權力。但這就表示商業總是有害嗎？難道解方是「除了商業之外都可以」？顯然不是。儘管數位倫理學家時常提出類似主張，但在倫理道德與政治層面上，商業並非總是不好的。事實上，我在前兩章列出的批判並非針對哪一間公司或哪一位資本家。我想批判的是這些公司背後的**資本主義市場**。為什麼資本主義市場這麼不適合管理數位遺物？本書已多次對此進行討論。還記得我在第一章把資本主義市場形容成「現代性暴政」嗎？以下請容許我花一些時間解釋其中的關聯。

根本原因在於，資本主義無視金錢以外的價值。若要管理數位遺物，我們需要考量更多元的價值。支持資本主義的人經常援引生物達爾文主義的邏輯：在生物演化的過程中，只有最適應自然環境的才可以存活繁衍；一旦地景和生態系統改變，棲息其中的物種也會跟著改變。同樣道理，在資本主義經濟裡，只有最符合消費者需求的公司才可以生存下來並成長獲利。就像生物適應環境變遷，經濟也會適應人們所重視的價值。如果消費者重視有機食品，那麼市場就會鼓勵農夫汰換殺蟲劑；如果消費者更重視資料隱私，那麼市場就會提供更安全的網路、更好的通訊協定等。只要消費者願意掏錢，市場都能生產出來。這種達爾文主義式的比喻已經有點像老生常談，但這一比喻確實說明了資本主義市場的優點與缺點。生物演化確實使適應環境的物種生存，但所謂的「適應」其實是指增加繁衍力。演化系統唯一認得的貨幣，就是繁衍力。個人福祉、完滿、美好或道德等特質，對演化而言沒有半點價值（除非這些品質對繁衍有直接或間接的好處）。繁衍成了衡量所有價值的標準，只有能帶來更多繁衍的特質才具有價值。比起一百名生活完滿的人，一千名境遇悲慘的人在繁衍上可能更「適應」演化的邏輯。

同樣的機制也可以套用在資本主義市場，因為資本主義市場只認得能轉換成資本的價值。除非美好、完滿、傳統、尊重死者等特質也能轉換成資本獲利，否則它們都沒有價值。這並不是說每一個在營利公司工作的人都無視金錢以外的價值，也不代表資本主義容不下其他價值。請容我重申，不是所有生物都一直被繁衍占據。動物，尤其是人類，經常追求繁衍與生存以外的目標，快樂、美麗、熱情、好奇等。同樣道理，資本主義之下的人們也有各自追求與重視的價值——只不過資本主義只在意這些價值能否獲益。如果缺少利益，就只是經濟負擔，一如歡快過頭可能成為某物種繁衍的負擔。

有些人認為，理論上所有事物都可以轉換成金錢價值，就連愛、人命、未來世代的福祉也可以，這類讀者很可能覺得本書主張缺乏說服力。另一些人則認為每種形式的價值都獨一無二、無法轉換，一條人命無法用金錢來衡量，生物多樣性的價值也無法用人命來計算。這類人往往會認為，只要資本主義經濟成為某地的主導生產模式，就會給當地所有人的行為帶來負面影響：不再有真正的價值，因為所有價值都淪為經濟的工具。空服員對你微笑不是因為喜歡你，而是因為面帶笑容會帶來更多利潤；商店多收你塑膠袋的錢不是因為關心環境，而是在乎顧客的同情可以產生更高獲利。多數人可能介於前述兩種極端之間，但我猜想幾乎每個人都會同意：有些事物就是無法訂價。其中之一就是人類對未來的認識和對過去的記憶。如果有災難摧毀過去的所有文獻，連同我們所繼承的實體文物也一併摧毀，那確實難以訂出明確的價碼賠償損害。如果有人問起，保存第一次世界大戰的集體記憶有何價值，我相信多數人也不會只想到經濟數字。

為什麼無法訂價？因為這類事物不是傳統意義上的商品。商品是專門為消費者（通常是個人）生產的事物。毛衣就是典型例子，個人決定要購買什麼款式的毛衣是他自己的事，因為這決定不會影響到其他人。就算有些毛衣上面印製的訊息可能會影響個人福祉與社會觀感，但影響大致上僅限於私人。對於此類商品，市場經濟確實運作良好。如果沒有任何人想要某間公司生產的毛衣，那間公司就不該存在。但對某些事物而言，要指認單一消費者可能相當困難。舉例來說，誰才是外太空知識的「消費者」？應該不是指太空紀錄片《宇宙大探索》（*Cosmos: A Spacetime Odyssey*）的觀眾吧？再舉一例，誰是生物多樣性的消費者？愛的消費者又是誰呢？這些問題若不經嚴謹的思考，恐怕很難給出相關答案。就更不用說有時候這些可能的「消費者」已經不復存在，又或者尚未出生。我曾在第一章談到柏克與批判現代性的保守主義思想家，他們批判資本主義經濟（也就是現代性的經濟展現）只為**在世的消費者**服務。[30] 往生者和未出世者都不是市場上的消費者，尊重他們的利益一點經濟價值都沒有。因為對於資本主義經濟而言，任何人事物都僅存在工具性價值。從這個角度來看，市場本來就對沒有生命的人抱持敵意。借用羅森史維克的話，這就是為什麼數位遺物私有化一事「岌岌可危」——不是對商業本身有害，而是整套體制純粹就是來服務生者，犧牲了未出世者和往生者。

有替代方案嗎？如果一切還來得及，我們又該如何奪回集體的數位過往？按照我對資本主義市場的批判，最容易想到的替代方案就是由某種公共國際機構（例如聯合國下屬機構）來保存我們共享的數位遺物；或是某種負責揀選人類數位過往的世界檔案庫，透過民主機制來運作。這類替代方案在理論上聽起來好像不錯，但我們早已從歐威爾筆下的虛構世界，以及中國和蘇聯的可怕歷史案例中學到，這其實有可能是個糟糕至極的主意。畢竟如此龐大的權力根本不該集中在任何單一機構手中，不論公家還是私人。就算這個組織透過民主制度運作，我們也很難想像一般人會有多瞭解數位遺物，更別說掌握多少科技知識。公共監管社群媒體的數位遺物還可能產生其他問題。回想一下先前提到推特的案例。推特想要把檔案庫贈與美國國會圖書館，當時被許多人認為是社群媒體紀錄保存的良好典範。廣受敬重的數位保存專家拉姆齊（Abby Smith Rumsey）就稱讚其為公私機構合作的「良好先例」，勢必得「成為數位時代的常規」。[31] 儘管眾人喜聞樂見，但我們已經知道這樣做依舊會產生問題，尤其是隱私問題，更不用說到頭來這項善舉無法兌現承諾（美國國會圖書館無力處理），因此難以作為其他社群媒體平臺的榜樣。對多數平臺而言，根本就不可能把原始資料捐贈給公共檔案庫，更不用說此舉還嚴重違反道德（這些資料本質上皆屬個人隱私）。國家不可能只徵用「剛好符合公眾利益」的資料，就算真這麼做也無法保證能善加管理這些數位遺物。簡單來說，打造一個「公共」的數位世界檔案庫恐怕不是我們的出路。

值得慶幸的是，我們並不需要藉由掌管一切的國家或世界政府來取代掌管一切的市場。我們應該以最大化多元價值為目標，同時限制與避免任何數位資料的持有者獲得過大的主導權。這不是說我們要把權力交還給全體個人，因為這只會讓數位遺物僅屬於使用者的單一繼承人——對管制集體的數位過往而言，這不是去中心化，只是在分散管制，從此以後所有人都只能存取一小塊資訊。宛如交給每位使用者一小塊「歷史之鏡」的碎片，**再也沒有人**能瞭解歷史的全貌。這將是一場災難，一場真正的數位黑暗時代。要真正做到數位資料的去中心管理以最大化各種價值的存續，就得允許多個組織各自帶著不同背景、架構與目標，一同齊心保存過去。國家級組織肯定會是其中之一——如同第二章所述，國家檔案庫、非政府組織與博物館早就在留存知名公眾人物的資料上扮演要角，但重視商業價值的營利企業也有機會參與演出。千萬別把金錢數字錯誤等同於數據經濟，這點我們需要時刻牢記。

所謂經濟，就是資源該如何分配的工具，以及有系統地組織評價事物的能力。而這一能力永遠不該由金錢數字**主宰**，因為那也將主宰我們管理前人存在及與前人相處的方式。我始終主張，儲存一切並不是一項可行的解方，也不是眾人的期望。我們是生者，必須**主動選擇**為後代留存哪些資料、誰的資料。資本主義經濟不允許我們做出真實的選擇，因為營利企業無能追求利潤之外的價值。我們得要盡可能讓更多人與更多觀點成為保存過程的一部分，必須把這變成**我們共同**的選擇。

※ ※ ※

可惜羅森史維克早在二〇〇七年過世，年僅五十七歲，沒能見到第二代網際網路革命。要是羅森史維克還在世，肯定會對當前挑戰提出有趣的解決辦法。不過，專家學者不一定總得扮演替既有問題提供「解方」的角色。為大眾和學術社群提出要緊的新問題、為新的民主辯論開闢空間也同樣重要（如果不是更重要）。我認為這就是羅森史維克的貢獻，也是本章想要達成的任務。儘管如此，我還是希望能為這段旅途設定航向。我相信我們不是要航向一處過剩之地，無須對資料篩選與去留做出決定；我相信選擇**自主**才是我們的目的地，而不是交由盲目的市場機器。我們需要一套新的數位遺物揀選及保存體系，能夠讓更多人與更多價值參與——就從現在開始努力。

第五章　活在後死亡處境

無產階級總以為，「除了束縛我們思想的鎖鏈，我們沒有什麼好失去的！」但事實上如果我們不團結，我們就是在冒險失去一切。

——斯洛維尼亞哲學家紀傑克（Slavoj Žižek）

死者和生者之間的道德政治互動，永遠都會是一項沒有標準答案的挑戰，不只是會不會與死者同在二選一而已。

——芬蘭哲學家魯因

我們都是布勞德

當卡夫卡（Franz Kafka）於一九三四年早逝時，這位出生自波希米亞的小說家還遠遠不像今天那麼有名。他只出版了部分作品，日後膾炙人口的重要著作此時都尚未面世。卡夫卡的遺物包含了許多快要完成的長、短篇小說，以及評論這些作品的日記。這些文學作品原本會永遠埋沒——至少卡夫卡原本是這麼打算。卡夫卡委託朋友布勞德在他過世之後燒掉所有作品，而我們都知道布勞德沒有照做。[1] 卡夫卡死後，布勞德接連幾年出版卡夫卡包括《審判》（*The Trial*）在內的三本小說，後來連卡夫卡留下來的日記也公開發行。布勞德的決定在道德上確實有商榷的餘地，但無論如何，多數人對此心懷感激。我們可以想像這應該不是容易的決定，因為得要在好幾個相互衝突的道德責任之間進行取捨。除了對離世友人的責任，布勞德其實還有另一項道德責任：對同時代潛在讀者的責任，乃至於對未來讀者的責任（或許更加重要）。若是布勞德遵從卡夫卡的遺願，那麼未來讀者就看不到布勞德眼中的世紀文學瑰寶。布勞德可能也覺得有責任要重振離世好友的名聲，讓世人看見好友的文學天賦如何遠遠超過自信與對作品的信心（這些作品就是**值得**世人閱讀）。保管好友文學遺產之事讓布勞德成為非自願的裁判，要在多種利害關係之間進行決斷。未來和過去都提出請求，而且沒有明確原則可用來評斷哪個才是更加正當的要求。

本章論點是，如今生活在後死亡處境的我們都是布勞德。相較於一九三〇年代，人們如今不一定得靠小說或日記來留下生活痕跡。只要使用任一種連網裝置，而且沒有刻意遮掩痕跡，那麼不論是無心還是有意，你的生活都會化成數位資料，並在你過世時成為數位遺物，一張由0與1組成的非自願自畫像。雖然大多數人的數位遺物不如卡夫卡等文學大師的日記來得有趣，但大多數人還是有自己的故事。對直系親屬而言，數位遺物或許是表達哀悼的一部分，也是可以傳給後人的記憶，是對深愛卻太早離去的家長、孩子或朋友的追憶。一旦他們留下的線上痕跡與其他數十億人積累在一起，就成為更大模式的一部分，一部數位版死者百科全書，能傳遞整體社會更大的故事。對未來世代而言，這正是用來學習集體過去的無價瑰寶。就像布勞德，一名數位遺物的代理人（不論是一個人還是全體社會）也同時具備三層責任：對死者的責任（必須尊重他們的意願），對未出世者的責任（他們對過去的存取正面臨危險），以及對生者的責任（必須犧牲資源來保存數位遺物）。

這些責任並不容易理解與釐清。如同我接下來所述，我們需要一種道德標準，認真看待那些時間上遙遠但資訊卻近在眼前者的主張。為了朝這項道德標準邁進，我主張我們應該要把自己想像成**檔案公民**——與過去及前人共享的檔案，有朝一日也要留傳給後代。我接下來會先總結所謂「後死亡處境」究竟意義何在，再回頭來闡述身為檔案公民的責任所在。

「後死亡」、「處境」的意義

如果死者「打造文明」，那麼死者的存在方式只要出現重大轉變，不論是文化或科技層面，也會帶動文明的轉變。從這一觀點來看，數位科技的出現其實暗示著更深層變革即將降臨，屆時會帶來一種與過去及前人的嶄新相處模式。後現代的後死亡處境，將會取代「隱藏死者」的現代性。

為什麼是「後死亡」？因為原本存在有一套機制，讓往生者得以從生者的世界消失，但這套機制如今不復存在。我們再也不能仰賴自然腐爛、墓園或火化爐把死者從眼前移開，再也無法完成隱藏死者的現代性願景。後死亡完全不同於超人類主義者所主張的數位永生（或心智上傳），往生者的大腦並未藉由數位方式「繼續活下去」。死者還是一如既往地長眠，至少在可預見的未來不會起來，就算是最神奇的機器學習也無法改變。不過，數位身後現象確實帶來了新的變化，死者如今仍會陪伴在我們**身邊**，藉由前數位時代社會難以想像的方式。死者依然是我們社群媒體的一分子，照舊貼文、推文，有時甚至借互動式聊天機器人還魂。這就是為何我拿現況和舊石器時代的首批定居者進行類比，當初他們面對眼前無法帶走的死者軀體，就如同我們現在面對無處不在的數位遺物；當年他們選擇和敷了石膏臉的祖先一同居住，讓祖先的容顏得以從黏土砌成的牆上回望，如今我們也跟數位成像的祖先共享居住的社群網路檔案。藉由日益複雜的先進科技，賦予了祖先遺骸生命，讓他們的數位臉孔得以穿越螢幕回望，對我們微笑，甚至與我們說話。

即便那些從未留下數位足跡的人，也避不開這個演進過程。隨著十九世紀照片與電影的數位化、醫療與考古博物館藏品陸續上線、家族系譜網站有愈來愈多日記與族譜上傳，我們逐漸擴展數位過去的適用範圍。隨著深度學習和其他ＡＩ工具繼續發展，這些數位化之前的死者也有機會變得可以互動且更加生動，就算他們並未使用任何高科技。於是我們偶爾可以看到麥可·傑克森、夏庫爾（Tupac Shakur）等過世藝術家的全像表演。即便是日常生活，也可以看到過去的亡魂。例如本書開場提過的「歷史人物」應用程式，就讓使用者可以與歷史人物聊天，聊天內容基於歷史人物留下來的資訊。二〇二一年還有MyHeritage公司推出的應用程式Deep Nostalgia，可以把不會動的舊照片轉變成會動的短影片，照片中的人會轉頭張望與變換表情。要不了多久，十九世紀人的容顏就會在社群媒體上氾濫。這些臉孔從沉睡的相簿中被挖出來，放上網路，隨時隨地任人存取使用。他們將重回生者**身邊**，進入符號與矩陣的世界，進入**房屋**，也就是資訊社會發生的地方。這就是我所詮釋的**後死亡**。不是數位永生，而是一種預設過去及前人繼續存在的模式。數位科技移除了那些隱藏死者的機制，同時把古老的死者招回現世。簡言之，後死亡處境就是與死者同居的新形式。

我以「處境」一詞來描述這一新同居關係，理由是我們尚且無從判斷社會是否選擇要和死者同居。不同文化對待死者的方式有所差異，眼花撩亂的程度會令你大吃一驚，但儘管如此，至今仍沒有任何科技與社會層面的法律決定死者該如何在生者之間存續。後死亡處境的出現，並不表示我們與死者的關係倒退回某種原始的自然關係（儘管與舊石器時代第一批定居者的處境相似）。再次引用芬蘭哲學家魯因：「死者和生者之間的道德政治互動，永遠都會是一項沒有標準答案的挑戰，不只是會不會與死者同在二選一而已。」[2] 這裡的「沒有標準答案」，是因為我們與死者的關係並不會自動彰顯，而是得透過中介的科技來呈現。即便數位科技正在改變我們與死者相處的規則，數位科技也不會事先決定結果如何。即便是在數位時代，我們依舊有可能選擇繼續把死者移出大眾的目光之外，好維持定義現代性的「生人體系」——只是要耗費更多氣力而已。[3] 後死亡處境的到來確實預示文明即將轉變，但最終還是由我們生者做主，決定要轉變成什麼模樣。好問題，該是什麼模樣呢？

檔案公民的責任

《如何在網路時代好好說再見》（*All the Ghosts in the Machine*）作者卡斯凱特（Elaine Kasket）曾把網際網路比喻成「新至福樂土」，一處死者的長眠之地。[4] 這項比喻十分中肯，或許比卡斯凱特意識到的還要貼切。因為在古希臘羅馬神話中，至福樂土不只是逝者停留之地，還是一處**超越時間**的地方。羅馬詩人維吉爾就曾在《埃涅阿斯紀》（*Aeneid*）中寫道，希臘英雄埃涅阿斯冒險下冥府後，不僅遇到了亡父安奇西斯（Anchises）及其他在特洛伊戰爭中殞落的英雄，還遇到了自己的後代——遠到連羅穆路斯（Romulus）和雷穆斯（Remus）這兩位日後建立羅馬的雙胞胎都碰到面。時間的意義在至福樂土出現**崩壞**，不再有先後順序。如今我們身處的後死亡處境就如同至福樂土，不論是當代還是過去幾代，愈來愈多居民在我們的線上生活出現。這些亡者隨時隨地都在，而我們選擇用什麼方式對待，都會把深遠的影響帶給未來世代。在後死亡處境下，現在、過去與未來的利害關係人都在，都有其道德存在。

就像在至福樂土的埃涅阿斯，我們生者其實是後來者。一旦生者把社會遷徙到網路平臺，就是遷徙到千百年來都保留給死者的領域：檔案。這裡是死者的地盤，我們必須學習如何融入其中。就像全球化迫使我們成為「世界公民」（*cosmopolitan*），如今後死亡處境則要求我們學習做「檔案公民」（*archeopolitan*）。我們需要負擔什麼責任呢？承襲全球化的比喻，我們或許可以從哲學家阿皮亞所謂的「普世倫理」找到答案。對阿皮亞而言，生者在全球化世界面臨的道德挑戰如下：

廣播、電視、電話、網際網路等遍布全球的資訊網，代表我們不只可以影響世界各地的生命，還可以學習世界各地的生活。而你認識的每個人，可以影響的每個人，都是你要負責的對象，至少是道德上的責任。挑戰就在於，如何讓數千年來都各自發展心智和心靈的地方族人對理念和制度有共識，好讓連結成全球性部落的我們可以生活在一起。[5]

如果我沒有誤讀阿皮亞，現代資訊科技正使我們要負起道德責任的對象急遽增加。前現代的村落並不會對全世界開放，如今我們卻生活在阿皮亞稱之為「地球村」的地方，與世界各地的人溝通與貿易。阻隔你我的空間消失，無論距離有多遠，我們如今都可以跟彼此溝通。這會如何影響道德責任呢？阿皮亞的答案不同於其他普世人文主義的擁護者。阿皮亞認為，答案不是拋棄地方或個人認同，而世藉由**溝通**促成的普世倫理。要成為真正的世界公民，並不是把「人類」利益擺在最優先順位，而是要理解「地方認同不是構成遺忘每個人都對其他人負有道德責任的理由」。[6] 陌生人也是人，有權將其道德納入考量，不論距離上有多遙遠——因為就像阿皮亞指出的一樣，如今陌生人已能透過資訊科技出現在我們面前。與此同時，我們也沒有要讓道德責任壟斷每個行動背後的邏輯，因為最終結果很可能是不顧任何人的利益。簡言之，普世倫理是希望我們能明白世界上其他人**也是**人。

我相信這個理念也可用來說明怎樣才算是一位好的檔案公民，只是這回我們要負責的對象是在時間軸（而非空間）上延伸。道德挑戰已是要對理念或制度有共識，好讓我們「像全球性部落」一樣生活在一起，而是如何與故人一同生活，且生活方式還得認真考量後人的利益。在後死亡處境下，崩塌的障礙不再是空間，而是**時間**。

這項理念同時也在呼籲我們，呼籲生者，要成為好的後代或繼承人。當摯愛離世，我們每個人都有個人責任照顧好他們的數位遺物，照顧的方式還要尊重他們的遺願。這些責任涵蓋了管理他們死後社群媒體的存在、清理掉網路上他們不想要的數位痕跡、用更耐久的硬體格式保存素材。或許也包括了不去閱讀死者的私人郵件、訊息與搜尋紀錄。如同我們在第二章所見，摯愛的數位遺物就如同他們的生物遺骸，不是你的財產。你是代理人，不是所有者。

成為好的後代或繼承人這件事不僅在個人層面重要，更是一項重要的集體責任。我們需要以整個世代的角度，認真看待死者的道德與政治主張。我們承繼了我們物種史上最大量的人類行為檔案，唯有改變制度才能確保這些檔案在管理上受到尊重。而要改變制度，就無可避免需要眾人的集體努力。我已經點出許多前例——#MeToo運動、YouTube上敘利亞內戰的犯罪紀錄檔案、阿拉伯之春等，類似案例不可勝數。講述這些事件的世代終將成為過去，但他們在網際網路上留下的集體痕跡值得繼續存在下去。唯有我們生者設計出良好的制度與完善的基礎設施，同時給予產業參與者正確的誘因，這些集體痕跡才能留存下去。要成為優秀的繼承人，生者就需要在政治上正視「我們」伺服器（依法這些伺服器其實是商家所有）上所徘徊的前幾代亡魂。只有齊心**團結**，才能肩負起重任。

事實上，要成為優秀的檔案公民，也意味著成為一名好祖先。[7] 你得明白今天所生產的一切資料，遲早有一天都會移交到他人手上。就個人層面來說，你得對自己在線上的身後事負責。不妨從最基礎的事項開始做起：在臉書上設定好「紀念帳號代理人」的功能。如果你有用臉書，我建議你先放下本書，拿起手機，設定好該功能再繼續閱讀——好，歡迎回來。如今有許多服務都會讓使用者選擇過世後資料該如何處理。為自己在線上的身後事進行規畫已經是道德上愈來愈要緊的事。壓力既來自於科技公司，也來自於你身邊親近的人，尤其是那些必須「幫你收拾爛攤子」的至親。除非你自己安排好一切，否則這樣的期望其實完全合理。

就像成為好的繼承人，成為好祖先也需要集體的努力。我們不能只把自己視為孤立的個體（數位遺物會由近親處理），更需要把自己想成是歷史網絡的一處交會點（檔案**公民**的資料會交由後人管理）。你在網路上留下的資料痕跡永遠都是滄海一粟，但也永遠會是原始素材中重要的一塊，未來世代將憑藉此建構出過去。整個世代的數位遺物，就是留給後人的訊息：「這些是我們想讓你知道的過去。」而「這些」是指哪些應該是出於我們有意識地選擇。同樣道理，我們的道德責任因此也涵蓋制度責任，必須考量我們的集體歷史應該由什麼樣的制度來管理。未來世代需要哪些資訊？如何防止落入所謂的「數位黑暗時代」？為此得犧牲多少資源才算合理？這些既是制度問題，也是**道德倫理**上的問題。如同第四章討論過，資料不見得保存愈多愈好，因為保存本身會帶來環境代價。如果我們真的留下一望無際且毫無條理的資料給未來世代分析，他們恐怕不會為此感謝我們，更不會感謝我們犧牲永續環境只為建造大量伺服器（二〇三〇年時的資通訊科技產業將會占據全球約五分之一的能源需求）。空間與資源都不是永無止盡，我們必須選擇要留存什麼，替誰留存。由於這必然牽涉利害關係，因此我們的取捨必然也是道德選擇。

對於後死亡處境的道德挑戰，我的回應與阿皮亞對全球化的回應相似。我們必須認識到在資料管理與資料保存這一議題上，往生者和未出世者**也具**

有提出政治主張的正當性。雖然他們的主張可能不若在世者的重要，他們依然值得我們納入考量。往生者和未出世者或許不大會受到「傷害的狀態」影響，但他們終歸是人，值得我們尊重並納入道德考量的範疇。我們是唯一有權立法的檔案公民，應該確保我們的行為反映出這些責任。

該怎麼做？

在資料保存和科技監管這兩個議題上，在世者、往生者與未出世者其實有許多共同利益。如同前述，數位遺物的命運與今人緊緊糾纏。第三章提到線上追思和數位化身的市場未受限制，導致哀傷時間拉長；第四章也提過廣告商分析及挖角數位遺物的案例。一旦資料全部集中到少數幾家公司手裡，勢必也會對我們（不只是未來世代）產生威脅。為了所有人的利益，也為了不辜負我們身為檔案公民的責任，我們其實有許多地方可以著手改革。讓我舉幾個例子。

人人都能做的便是運用自己的消費力，對平臺施加壓力，影響他們處理數位遺物的方式。既然市場只對還在世的消費者提供服務，生者就必須對未出世者和往生者加以協助。二〇一九年，推特決定刪除網站上的閒置個人檔案，這項決定被成功翻轉，有賴於使用者的大規模抗議。[8] 推特官方回應道：

使用者對這項決定可能衝擊亡者帳號的反應我們聽到了。這是我們的疏失。直到找出新方法讓人們可以紀念帳號之前，我們不會移除任何閒置帳號。

謹記，推特如果認定這麼做只會虧錢，就永遠都不會改變路線。推特會讓步只是因為理解到亡者帳號也是在世使用者經驗的珍貴一環。然而這個例子依舊告訴我們，我們對數位遺物管理的關心確實能產生改變，至少對目前握有消費力的人而言。我們也可以行使自己的民主權力（前提是住在民主國家），對政治人物施加壓力，請他們認真面對檔案公民的職責。你的民意代表有想過如何長期儲存我們的數位資料嗎？你的民意代表通常會依循哪些價值來保留過去？儘管不是所有選民都會受到影響，但你的民意代表準備好針對此事對抗科技巨頭了嗎？就算本書只能讓人辯論這些問題，開啟辯論本身就是一場勝利。就算自由民主政治目前還是現代「生人體系」的一部分，生長在自由民主政治底下的你我還是可以成為往生者和未出世者的盟友。[9]

公司行號還有哪些地方可以努力呢？雖然我認為「企業倫理」是個矛盾的詞彙，我還是同意公司企業可以有所作為。英國社會學家巴塞特（Debra Bassett）就曾提議，可以在個資產業內推行適用數位遺物的專業倫理自願行為準則。[10] 我也曾在第三章指出可以參考國際博物館協會的職業倫理準則。這種準則可以透過監管機構強制執行，也可以透過產業的內部協議來設立，或是交由個別公司的倫理政策工作單位來處理。公司也可以在設計平臺時一併考量檔案公民的責任。除了傳統上的使用者中心設計，如今已有許多人在討論所謂的「往生者體諒設計」（thanatosensitive design），表示有愈來愈多人開始認真看待數位遺物繼承的問題。[11] 只不過相關討論目前大多停留在如何落實數位資產的繼承。如果我們認真面對檔案公民的責任，就必須在設計未來平臺的時候將未來世代的**集體利益**納入考量。如何設計平臺來長期留存重要歷史資產？如何在促進未來歷史研究時同步保障使用者隱私？這些都是設計和網路架構層面上可以考慮的事。

企業還有一件顯而易見的事可以做，那就是與大眾共享資料。就像二〇一〇年推特捐贈檔案給美國國會圖書館，這些推文積累在一起就像某種「未來世代理解二十一世紀生活的資源」。[12] 可以想見會有使用者隱私的問題，但對於大部分科技公司而言，只要能比現在分享給廣告商再多分享一些匿名觀察見解，就算朝正確方向邁進了一大步。在今天，任何潛在廣告商只要開啟臉書的廣告受眾洞察報告管理員，都能收到潛在受眾資訊，遠比任何外部專家學者能拿到的資料更加詳盡。顯然，目前的臉書比起分享資料給試圖理解過去的專家學者，反而更願意向第三方公司分享我們集體行為的數據。如果科技巨頭平臺認真看待社會責任，就應該開始分享資料。就這個意義而言，推特原本走在正確的道路上。推特在二〇二一年推出專為（經過認證的）學術研究員設計的產品，研究者可以存取大量先前無法獲得的歷史資料。這項產品本來有機會改變我們對數位過去的理解。[13] 不幸的是，二〇二二年馬斯克接管推特，對學術界的存取設下高度限制。同樣不幸的是，對大多數科技公司而言，根本不存在效法推特開發類似產品的經濟誘因。如果政府強迫公司分享使用者數據，只會嚴重侵害隱私權，還會違反私人資料持有者的自主權。

我曾在二〇二一年一篇論文中提到，妥協方案也許是推行某種形式的「數位世界遺產」認證，靈感源自聯合國教科文組織。[14] 無須把資料捐贈給公共機構，公司自己就可以承諾會好好保存他們持有的數位世界遺產，不論其商業價值高低——就像國家承諾保存領土上由聯合國教科文組織指定的世界文化遺產。這些獲得認證的資料持有者將可以收到國際社會的專業知識，知道該如何適當評價與保留數位檔案才能對未來世代有利。評價與鑑定的專業尤其重要，因為大多數企業並不具備相關配備或專業知識，無法評估手上資料的歷史與文化價值。國際社區可以派出歷史學家與檔案人員，共同監督刪除資料的抉擇（即便是這些專家也無法全權掌控資料）。這些專家可以同時指引內容審查（見第四章《戰爭的恐怖》一例），同時對公司的失敗案例或因缺乏商業潛力而遭終止的特定服務（例如Google+）提出建議。一旦獲認證為數位世界遺產，那麼就算該企業破產，接手處理者也得遵守不能損害資料真實性或分割資料的規定。重點在於，此處提出的認證制度並不會要求那些科技公司放棄追求長期獲利。就如同國家可能從領土上的世界遺產獲益，公司企業也一樣可以從他們檔案備受認可的普世價值中獲利。除此之外，如果真能共同締結這樣的合約，那麼在出事時公司就不僅要背負模糊的道德責任，還得對國際認可的合約負責。

最後也最重要的一項建議，或許對我們所有人都有益，那就是把死者也納入國際資料保護法律的框架（例如歐盟使用者個資保護規則）。儘管部分國家確實已開始保護數位遺物，但通常主要是為了顧及死者在世後代的福祉，而不是為了死者本人。真正的負責，就是考量到死者自身的福祉。這可能會是僅限於個人且具有時限的權利，或是僅限於近親行使。延長著作權保護期也能有助於死者的權利，或者是建立起法律學者哈賓納（Edina Harbinja）所說的「以人權為基礎的制度」，保障普世通用且不可侵犯的權利。[15] 我們還可以指定臉書等公司為「資訊忠實受託人」來實現這些權利。被指定的公司將有責任關心與尊重使用者個資，並且按照使用者的最佳利益行事，就連使用者死後也得比照辦理。[16] 如果尊嚴是資料保護的基本原則，如同歐盟使用者個資保護規則的建議，那就沒有道理只排除沒有生命的人。資料保護事關每一個人。

這些提議可以有效改善我們所處的境況。誠然，這些解方只能治標而無法治本，因為本書大抵上是針對**系統性問題**進行診斷，而這些診斷皆源自於只為生者服務的科技、經濟及法制基礎，這也是前述任何解方都無法解決的缺陷。無可否認的是，資料管理還有許多不同方法，不同世代的利益也可能有所差異。好比死者的隱私權和未來世代對自身歷史的興趣可能發生衝突，又或者必須犧牲前一世代的個人記憶，才能有空間把新紀錄存放下去。我們同樣無法隨時用完美又不失尊嚴的格式來儲存每個人的資料。更別提前一章才討論過資料儲存會消耗的環境成本。

這也是為何我們的處境與布勞德如此相像。布勞德繼承了卡夫卡希望銷毀的作品，但布勞德發現這些作品對他那個世代及未來世代的價值，遠比原作者的遺命還要重要。反過來說，肯定也有些人繼承被告知要留存的東西，結果發現照做的成本是一大負擔（我相信許多人都有那麼一件又舊又醜的傳家寶，都覺得有義務要好好收藏，但就算這件傳家寶損毀或消失，我們其實也不見得會崩潰大哭……）。重點在於，不論是個人還是社會，這都是後死亡處境下得不斷面臨的兩難，而過往世代從未面對過同樣處境。未來和過去持續提出相衝突的主張，而我們這第一批檔案公民的任務就是衡量如何評斷取捨。

這是我們無法迴避的責任，沒有任何科技或制度可以代替我們評斷。就算布勞德只是把卡夫卡的手稿隨便丟給其他人處理，這終究是布勞德無法推卸的責任。這也是為何數位遺物市場化及私有化會產生問題，因為這會限縮我們的選擇，只剩下利潤考量。我們正面臨複雜且細緻的問題：誰的資料該留給後人？生者利益和死者利益之間的界線該如何劃清？誰又該擁有某數位遺物的權利？對於這些難題，市場的答案永遠只有一個：長期而言可以賺更多的那個。市場的答案有可能與我們做出的正確決定相符，但問題在於市場根本不允許我們集體思考真正的選擇為何。唯有奪回控制權，奪回這項本來就屬於**我們的**選擇；唯有用更民主的方式來決定這些價值，引導那些中介死者的經濟、科技與法制制度；唯有這些都做到時，我們才不再背負檔案公民的責任。

本書倡議無疑充滿政治性，只是無法完全套用於任何既有的政治敘事。基於我對現代性、自由民主政治及資本主義市場的批評，這項倡議肯定不算是自由主義願景。還是說，本書的倡議屬於社會主義？畢竟有「奪回控制權」等口號，以及廢除市場龍斷的呼籲，更不用說我多次引用馬克思，聽起來確實就像社會主義。但話又說回來，我前面已直截了當地駁回由世界政府或大政府全權掌控數位遺物的方案，這些做法都很不社會主義。難道社會主義也不屬於我第一章駁斥的「生人體系」？[17] 還是說檔案公民其實是一項保守願景？畢竟我呼籲要把過去和未來世代共同納入民主社會的正當利害關係，而這項呼籲顯然就是援引保守主義思想家柏克的概念，即認為社會契約就是多個世代之間的協議。可能是如此吧，但我懷疑沒有多少當代保守派會想加入我的行列，批判資本主義的市場經濟。恐怕也沒有多少保守派會如同我所說的去向科技公司「奪回控制權」。

那麼該航向哪裡？對於如何建立起藉由民主治理的數位過去，以及這一制度的可能模樣，我們確實需要想像得更具體，值得另外一本書加以討論。本書不奢望提出解方，因為我的目標一直都是想說明雲端亡魂這件看似枝微末節的小事，其實與我們這時代某些最重大的議題密切相關。如果本書讓你相信後死亡處境帶來的挑戰無法僅用一本書解決，那本書就算是成功了。我可以肯定地說，如果想成為好的檔案公民，就必須是建立一套道德倫理的公共論述。在這套論述裡，管理好我們的數位資料不再只被視為是生者自己的事，而是一項攸關古往今來全人類的脆弱願景。如何詮釋這項願景將是本世紀（乃至於千年以來）的最大挑戰，而這項挑戰需要我們所有人參與。我們是初來乍到的檔案公民，願我們不會在這些檔案上殖民。

※ ※ ※

社群媒體上的個人檔案在使用者往生後繼續徘徊一事，似乎只是個很小很小的觀察。也許是吧，但只要想到這些檔案很快就會在網路上達到幾十億人次，就會覺得這絕不只是影響到遺族情緒而已。我們這代人是網路世界的第一批定居者，如今也都陷入了布勞德的處境。我們必須在各方利益相衝突時選擇該如何處理。本書試圖說明，我們與過去及前人（死者）的關係正在面臨重大轉變。如果死者真的「打造文明」，我們與自己的關係就勢必會跟著劇變。思想家紀傑克說得對，馬克思誤以為無產階級沒有枷鎖以外的東西可以失去——然而，如果我們真的把對數位過去的管理交給大企業，我們就是在冒險奉上自己的過去、現在與未來，冒險**失去一切**。

尾聲

將一地占為己有的最好方式，就是在那兒埋葬死者。

——文評家哈里森

我們的故事起始於深度時間，始於第一批永久定居者納圖芬人出現的黎明，死者突然出現在生者身旁。我整本書所分析描述與批判的當今現象，皆指向與此相似的顛覆。然而，我擔心自己因此描繪了太過反烏托邦的未來，一個掌控且評斷過去的體系不受民主節制的未來。這個版本的未來值得認真看待，但我也希望本書結尾不要那麼悲觀。因為我所描述的現象不是只帶來危險，也會帶來解放的契機。

如同哈里森所說，死者具有超凡力量，可以化無主地為家園，把房屋變成家，有自己的過去及歷史，還有最重要的祖先。維吉爾在史詩《埃涅阿斯紀》的敘述絕非巧合：書中描述埃涅阿斯初抵義大利半島時，首要任務就是埋葬陣亡的親族，如此就把一塊異地變成祖國。就像埃涅阿斯，我們也成了定居者，只是我們安葬死者的地方不是土壤，而是網路。如同死人骨頭曾施法讓我們在土地上方創建國家及打造文明，死人位元組如今深埋於我們愈來愈常棲身的線上平臺。如此一來，這些線上平臺就成為新的家園、新的祖國，如同過去一般受到死者存在的法力祝福。已逝使用者的個人檔案持續吸引流量、每次平臺打算改變或抹除已逝使用者時引發的群情激憤，以及社群媒體上哀悼者強烈的情感依附，在在都證明了**歸屬感**的重要。

正如本書所觀察，歸屬感擁有龐大的商業潛力：藉由擅自挪用最根本的人類習俗及剝削我們最強烈的情感（失落感和親密感），線上平臺讓自己變成社會上不可或缺的存在。只要使用者重視並關心死者的數位存在，就會跟著關心死者所徘徊的私人網路平臺能否持續存在。

歸屬感與**資格感**密切相關。再次引用哈里森：「將一地占為己有的最好方式，就是在那兒埋葬死者。」[1] 古羅馬的西塞羅反對人們在公有地埋葬死者，就是擔心會讓人產生神聖感而自認有資格持續使用該地。更近期的例子是以色列，他們常以聖地上的希伯來古墓來正當化以色列所宣稱的領土。考慮到我們正變得愈來愈數位化，這是否代表未來遺族會以類似方式宣稱平臺上死者安息之處為遺族所有嗎？會有人試圖把這些網站「占為己有」，甚至開始要求存取權和控制權嗎？很有可能。當社群媒體上已故使用者的個人檔案積累到數十億筆，在此安息的可就不只是個別摯愛，還囊括世界各國的不同世代。大眾對平臺的態度非常有可能會因此改變。若我們能與死者的亡魂結盟，共同倡議雲端上的民主化，便有機會名正言順地擴大影響力，甚至拿回對雲端亡魂的控制權。

我們的故事結束於交岔路口，前方有兩條路可走。雲端亡魂的未來究竟何去何從，全都取決於我們。我們是新納圖芬人，也是賦予全新意義的人。

致謝

寫作本書期間，沒有人比弗洛里迪教授更重要了，我在牛津大學期間的博士研究正是由他所指導。弗洛里迪教授不僅是好友，對我思考及理解研究哲學也有著無與倫比的影響，他永遠都會是我最景仰的知識英雄。我還要感謝我朋友和前同事華生博士，我們有時在牛津的各家酒吧激烈（鮮少清醒）辯論，這些辯論比我上過的任何課程都還更具教育意義。華生也幫我閱讀許多研究論文，回饋意見，那些論文形成本書實徵基礎的一部分，這肯定花上他無數個小時，對此我總是滿懷感激。我接著要大大地感謝許多讀過本書並給予意見的人，尤其是我最機智熱情的評論者約翰遜（Samuel Jonston）；雷克斯（Johannes Rex）剖析文字的眼光永遠令我驚豔，特拉勞（Johan Tralau）教授的獨門知識和慷慨大度，拯救我擺脫本書手稿頭幾個版本許多丟臉的錯誤與誤解。我還想感謝滕布拉德（Maria Tengblad），滕布拉德為第二章繪製的圖實在做得太好了。我也很感激瓦倫博基金會（Wallenberg Foundations）慷慨贊助我的博士研究，並且透過WASP-HS計畫贊助我學術生涯的前五年。他們對於社會科學與科技研究的致力奉獻，以及維護其學術自由和學術熱情，永遠都不該被視為理所當然。同樣地，我很感激烏普薩拉大學（Uppsala University）政府學院的全體教職員生，我從來沒遇過一群如此善良、如此富有好奇心的人，而我很榮幸能被視為一分子，儘管我連一學分的政治科學都沒修過。非常非常感謝我的家人約翰、安、瑪莉、麗莎總是陪在我身邊，永遠相信我。這份意義可能超出你我此生能理解的範圍。最後，謝謝琳娜和伊迪斯兩人無時無刻地提醒，人生除了哲學還有很多重要的事，更教導我為最小成功慶祝的藝術。我愛你們。

本書由瓦倫博基金會的人工智慧、自律系統、軟體程式暨人文學科與社會研究（Wallenberg AI, Autonomous Systems and Software Program–Humanities and Society，簡稱 WASP-HS）所贊助。

the Future of Academic Research with the Twitter API," Twitter Developer Platform, January 26, 2021, https://developer.twitter.com/en/blog/product-news/2021/enabling-the-future-of-academic-research-with-the-twitter-api.

14 Öhman, "The Case for a Digital World Heritage Label."

15 Harbinja, "Does the EU Data Protection Regime Protect Post-Mortem Privacy?," 20; see also Sandvik, "Digital Dead Body Management."

16 參見 Balkin, "Information Fiduciaries and the First Amendment."

17 Laqueur, 493.

尾聲

引言： Harrison, *The Dominion of the Dead.*

1 Harrison, *The Dominion of the Dead.*

31 Smith Rumsey, "When We Are No More," 143.

第五章

引言：Žižek, "How to Begin from the Beginning"; Ruin, *Being with the Dead.*

1 為了死後公平，應當要為這則故事增加一些細節，我應該提及布勞德總是明白地告訴卡夫卡，他拒絕燃燒卡夫卡的手稿。但卡夫卡還是選了布勞德來保管遺產，顯然知道布勞德不可能會摧毀手稿。

2 Ruin, *Being with the Dead*, 195.

3 Laqueur, 493.

4 卡斯凱特《如何在網路時代好好說再見：從直播告別式到管理數位遺產》。

5 阿皮亞，《超越國界的公民思辨：如何與異溫層交流？沒捐錢給難民是錯的嗎？當代倫理學大師談全球化時代的道德難題》，頁 xiii。

6 阿皮亞，頁 xvi。

7 欲知更多如何成為好祖先的方法，請見柯茲納里奇（Roman Krznaric）《長思短想：當短視與速成正在摧毀社會，如何用長期思考締造更好的未來？》（*The Good Ancestor*）。

8 Billy Perigo, "Twitter Backs Down from Plan to Delete Inactive Accounts, Citing Dead Users," *Time*, November 28, 2019, https://time.com/5741218/twitter-inactive-accounts-dead-users/.

9 Laqueur, 493.

10 Basset, *The Creation and Inheritance of Digital Afterlives: You Only Live Twice. Springer*

11 Ellis Gray, "Remains in the Network"; Massimi, "Thanatosensitively Designed Technologies for Bereavement Support"; Markova, "Digital Dying in Personal Information Managementt."

12 Raymond, "The Library and Twitter."

13 欲詳細瞭解推特如何幫助研究人員，請見 Adam Torres, "Enabling

20 Öhman and Aggarwal, "What If Facebook Goes Down?"

21 如要知道資料追蹤如何運作的駭人介紹，請見O'Neil, *Weapons of Math Destruction*.

22 哈佛大學出版的Malinowski, *A Diary in the Strict Sense of the Term*. 這本書的封底，同時引用了弗斯和紀爾茲的話。

23 Stephens-Davidowitz, "Everybody Lies."

24 想要好好理解數位資訊與系譜間的連結，請看Julia Creet's documentary *Data Mining the Deceased: Ancestry and the Business of Family*, 2017, https://juliacreet.vhx.tv/.

25 參見Cambridge Analytica, "Administrator's Progress Report," December 12, 2018, https://beta.companieshouse.gov.uk/company/09375920/filing-history. 然而，在其他公司破產案中，消費者資料（例如，以客戶忠誠度計畫的形式）受到更高的重視（例如參看the Chapter 11 reorganization of the Caesar's Entertainment Group; JL, "Caesar's Entertainment: What Happens in Vegas Ends Up in a $1 Billion Database," Harvard Business School Digital Initiative, November 22, 2015, https://digital.hbs.edu/platform-digit/submission/caesars-entertainment-what-happens-in-vegas-ends-up-in-a-1billion-database/）。

26 Orwell, *Nineteen Eighty-Four*, 313.

27 Lim, *The People's Republic of Amnesia*, 96.

28 Pitsillides, Jefferies, and Conreen, "Museum of the Self and Digital Death."

29 根據世界廣告研究中心（World Advertising Research Centre，簡稱WARC）的文章，在二〇二五年幾乎每四位使用者就有三位只用手機上網，請見James McDonald, "Mobile Advertising Has Reached a Tipping Point," WARC, January 28, 2019, https://www.warc.com/newsandopinion/opinion/mobile-advertising-has-reached-a-tipping-point/2950.

30 保守主義哲學家（真正的，不是現今那些假惺惺自稱的人）時常因為這個理由而同意市場，儘管心不甘情不願。關於柏克的社會契約作為死者、生者與未出世者間的契約，更多闡釋請閱讀Scruton, *The Meaning of Conservatism*.

articles/d41586-018-06610-y.

9 Kania-Lundholm, "Digital Mourning Labor."

10 雖然使用者個資保護規則顯然只涵蓋「自然人」(也就是非死者)的權利，但也有些歐盟成員國選擇在實施時一併納入死者的隱私權。

11 全球而言，臉書使用者僅代表較富裕的人口，但這與此處的重點不相矛盾，重點是徹底刪除那些無法獲利的過去。

12 Facebook, "FB Earnings Presentation Q4 2020."

13 正如Assmann, *Cultural Memory and Early Civilization*, 56書中所引用。

14 Gillespie, *Custodians of the Internet*, 1.

15 "Social-Media Platforms Are Destroying Evidence of War Crimes," *Economist*, September 24, 2020, https://www.economist.com/middle-east-and-africa/2020/09/24/social-media-platforms-are-destroying-evidence-of-war-crimes.

16 Gillespie, *Custodians of the Internet*, 1.

17 Brubaker and Callison-Burch, "Legacy Contact."

18 如想閱讀更多Myspace衰退後一億一千五百萬名使用者個人檔案發生了什麼事，請見 John Herrman, "What Happens When Facebook Goes the Way of Myspace?," *New York Times Magzine*, December 12, 2018, https://www.nytimes.com/2018/12/12/magazine/what-happens-when-facebook-goes-the-way-of-myspace.html.

19 要適當地評估Google+實際上有多少使用者，非常困難。根據公司自身的數據，使用者數量曾經最高達五億四千萬名。但*Ars Technica*網站上一篇文章顯示，建立Google帳號時，幾乎不可能不同時建立Google+個人檔案。不同時建立的唯一方法是，在帳號建立過程中途關閉瀏覽器。換句話說，如果你在二〇一一年左右建立了Google帳號(為了使用Gmail等)，那麼你也很可能是那回報的五億四千萬名Google+使用者之一，而且很可能你根本毫不知情。請見Jon Brodkin, "Google Doubles Plus Membership with Brute-Force Signup Process," *Ars Technica*, January 22, 2012, https://arstechnica.com/gadgets/2012/01/google-doubles-plus-membership-with-brute-force-signup-process/.

Design."

24 McLuhan, *The Medium Is the Massage*.

25 Floridi, "Infraethics," 392.

26 參看ICOM, "ICOM Code of Ethics for Museums."引文取自1986年版，網路已經找不到。

第四章

引言：Orwell, *Nineteen Eighty-Four*.

1 Rosenzweig, "Scarcity or Abundance?," 737.

2 Rosenzweig, 754.

3 Rothenberg, "Ensuring the Longevity of Digital Documents."

4 Jeffrey, "A New Digital Dark Age?"; Smit, van der Hoeven, and Giaretta, "Avoiding a Digital Dark Age for Data"; Whitt, "'Through a Glass, Darkly.'"

5 牛津法律教授麥爾–荀伯格（Viktor Mayer-Schönberger）主張，比起評價資料，公司若只是一直儲存資料還比較省錢，這樣一來就會「不再遺忘」。雖然這些概念肯定有其好處，但麥爾荀伯格低估了維護和保持檔案庫有效運作所需精力。網際網路確實會遺忘；問題只在於哪些原則決定要遺忘哪些事物。請見麥爾–荀伯格的《大數據：隱私篇：數位時代，「刪去」是必要的美德》（*Delete*）。

6 Aditya Rayaprolu, "How Much Data Is Created Every Day in 2023?," *Techjury* (blog), February 27, 2023, https://techjury.net/blog/how-much-data-is-created-every-day/.

7 例如參見Scott Fulton III, "After Moore's Law: How Will We Know How Much Faster Computers Can Go?," Data Center Knowledge, December 20, 2020, https://www.datacenterknowledge.com/supercomputers/after-moore-s-law-how-will-we-know-how-much-faster-computers-can-go.

8 Nicola Jones, "How to Stop Data Centres from Gobbling Up the World's Electricity," *Nature* online, September 12, 2018, https://www.nature.com/

8 對此概念的更詳細定義，參見Öhman and Floridi, "The Political Economy of Death in the Age of Information."

9 Öhman and Floridi.

10 Brubaker and Callison-Burch, "Legacy Contact."

11 McCallig, "Facebook after Death."

12 Drew Olanoff, "You Can Take My Dad's Tweets over My Dead Body," *TechCrunch*, November 26, 2019, https://techcrunch.com/2019/11/26/you-can-take-my-dads-tweets-over-my-dead-body/.

13 Bell, Bailey, and Kennedy, "'We Do It to Keep Him Alive.'"

14 二〇二〇年，推特宣布打算移除網站上的亡故用戶個人檔案時引起更多的群情激憤，請見Billy Perigo, "Twitter Backs Down from Plan to Delete Inactive Accounts, Citing Dead Users," *Time*, November 28, 2019, https://time.com/5741218/twitter-inactive-accounts-dead-users/.

15 Mayer-Schönberger 在*Delete: The Virtue of Forgetting in the Digital Age*一書中詳細討論了這項成本及其後果。

16 Zelizer, "Human Values and the Market."

17 Fuchs and Sevignani, "What Is Digital Labour?"

18 Kania-Lundholm, "Digital Mourning Labor."

19 此經濟邏輯的另一個描述方式是透過監視鏡頭來監控，正如哈佛社會心理學家祖博夫（Shoshana Zuboff）所說。請見祖博夫的期刊論文〈其他老大哥〉（Big Other）。祖博夫主張當代資本主義已經拋棄了曾是組織經濟最受歡迎的方式——工業主義，現在仰仗的是對市民的監控。就數位身後產業而言，這可能暗示數位遺物會被用來吸引哀悼者，把哀悼者引入某處，在那裡只要透過哀悼者留下的資訊性痕跡就能監控哀悼者。

20 Marx, *Capital*, 163

21 Mitchell et al., "Death and Grief On-Line."

22 Marx, *Manifesto of the Communist Party.*

23 Nissenbaum, "How Computer Systems Embody Values"; Miller et al., "Value Tensions in Design"; Friedman and Kahn, "Human Values, Ethics, and

Ben-David, "Counter-archiving Facebook."

42 Allsop, "Trash or Treasure?"

43 Rathje and Murphy, *Rubbish!*

44 Floridi, *The Onlife Manifesto*.

45 參看"Inernet World Stats: Usage and Population Statistics," https://www.internetworldstats.com/.

46 Office for National Statistics, "Exploring the UK's Digital Divide."

第三章

引言： Marx, *Capital*, vol. 1.

1 《黑鏡》一開始是英國廣播公司第四臺（BBC Four）的劇，後來被Netflix買斷。該劇每一集都各自獨立（只有一些地方重疊），描述未來科技失控的各種假設場景。《馬上回來》是第二季的第一集。

2 Marcus Ursache, "The Journey to Digital Immortality," *Medium*, October 23, 2015, https://medium.com/@mariusursache/the-journey-to-digital-immortality-33fcbd79949.

3 Parmy Olson, "This AI Has Sparked a Budding Friendship with 2.5 Million People," *Forbes*, May 8, 2018, https://www.forbes.com/sites/parmyolson/2018/03/08/replika-chatbot-google-machine-learning/.

4 關於US patent no. US10853717B2的全文，可以搜尋https://patents.google.com/patent/US10853717B2/en.

5 Patrick May, "Mercury News Interview: Legacy Locker Founder Jeremy Toeman," *Mercury News*, April 1, 2011, https://www.mercurynews.com/2011/04/01/mercury-news-interview-legacy-locker-founder-jeremy-toeman/.

6 Mitchell et al., "Death and Grief On-Line."

7 Gustavsson, "Death and Bereavement on the Internet in Sweden and Norway."

史學家，詢問他們對網路歷史研究之意義的看法。也可參看Brügger and Schroeder, eds., *The Web as History*, for an enlightning overview of the emerging field of web history.

30 Rosenzweig, "Scarcity or Abundance?," 737.

31 Graham, Milligan, and Weingart, *Exploring Big Historical Data.*

32 我知道並非所有人都在線上，但請再多容忍我一下。

33 "Social Media: What Countries Use It Most and What Are They Using?," Digital Marketing Institute, November 2, 2021, https://digitalmarketinginstitute.com/blog/social-media-what-countries-use-it-most-and-what-are-they-using.

34 貝塔妮在接受英國遺產網站（English Heritage org.）採訪時做出這一斷言，但我一直未能找到其來源。參看"Why Were Women Written Out of History? An Interview with Bettany Hughes," February 29, 2016, https://www.english-heritage.org.uk/visit/inspire-me/blog/blog-posts/why-were-women-written-out-of-history-an-interview-with-bettany-hughes/.

35 參看Mayer-Schönberger, in *Delete: The Virtue of Forgetting in the Digital Age*, 和Floridi, in *The Fourth Revolution: How the Infosphere Is Reshaping Human Reality*, 二人都有討論這個問題。

36 鮮少有人能比大衛・德維茲在《數據、謊言與真相：Google資料分析師用大數據揭露人們的真面目》中把大數據對社會科學研究的強大影響描述的那麼好又那麼易懂。

37 臉書事實上在使用機器學習「提升我們的辨認能力，辨認出可能是自殺或自戕的內容，並且即時幫助有需要的人」。欲知更多，請讀Meta's "Suicide Prevention Overview," https://about.meta.com/actions/safety/topics/wellbeing/suicideprevention.

38 Lewis et al., "Tastes, Ties, and Time."

39 Appiah, *Cosmopolitanism.*

40 Di Cosmo and Zacchiroli, "Software Heritage."

41 同時，各種研究人員正在開發Anat Ben-David所謂的「反存檔」的應用，即從可供公眾查閱的線上社交資料中建立自己的紀錄。參看

9 Bostrom, "Transhumanist Values."
10 Bostrom.
11 Rothblatt, *Virtually Human*, 10.
12 Steinhart, "Survival as a Digital Ghost."
13 要閱讀人工智慧擬人化（anthropomorphism）的不足，請見Watson, "The Rhetoric and Reality of Anthropomorphism in Artificial Intelligence."
14 這個概念在Floridi, "The Informational Nature of Personal Identity" 提出。儘管該篇文章沒有明確使用這個用語。
15 Stokes, "Deletion as Second Death"; Stokes, "Temporal Asymmetry and the Self/Person Split"; Stokes, "Ghosts in the Machine."
16 Cicero, *Tusculan Disputations*, 1.43.
17 Quoted in Diogenes, *Lives of Eminent Philosophers*, vol. 2, 189.
18 此論點歷經千年的修正與發展，現在分析哲學家之間又稱「終結論」（termination thesis），請見Feldman, "The Termination Thesis."
19 Nagel, "Death," 78.
20 值得一提的是，Joel Feinberg's "The Rights of Animals and Unborn Generations"的介紹相當詳細。
21 Kant, *Groundwork of the Metaphysics of Morals, 42*.
22 Kiš, *The Encyclopedia of the Dead*.
23 Öhman and Watson, "Are the Dead Taking over Facebook?"
24 Jack Shepherd, "30 Essential Facebook Statistics You Need to Know in 2023," *The Social Shepherd* (blog), February 23, 2023, https://thesocialshepherd.com/blog/facebook-statistics-2021.
25 Öhman and Watson, "Are the Dead Taking Over Instagram?"
26 就是那位背叛了凱撒的「朋友」兼養子。
27 Montaigne, "On Books."
28 值得一提的是，私人通訊逐漸轉到WhatsApp等加密平臺，不是沒有原因的，這代表除非類似WhatsApp的公司說無法解鎖也無法開採使用者的聊天紀錄是撒謊，否則這些資料當作歷史素材也毫無用處。
29 例如參見：Roland and Bawden, "The Future of History," 作者採訪了歷

Mourn?"; Kasket, *All the Ghosts in the Machine*; Brubaker and Vertesi, "Death and the Social Network"; Graham, Gibbs, and Aceti, "Introduction to the Special Issue on the Death, Afterlife, and Immortality of Bodies and Data"; Pitsillides, Waller, and Fairfax, "Digital Death."

第二章

引言：Epicurus, quoted in Diogenes and Hicks, *Lives of Eminent Philosophers*, vol. 2; Montaigne, "On Books."

1 Steinhart, "Survival as a Digital Ghost"; Carroll and Romano, *Your Digital Afterlife*; Bassett, "Ctrl + Alt + Delete"; Walter, "New Mourners, Old Mourners"; Stokes, "Deletion as Second Death."

2 短片《第二玩家》是約翰．威克斯特隆所製作。可流覽：https://www.youtube.com/watch?v=gCtSgb-b7zg&ab.

3 Aditya Rayaprolu, "How Much Data Is Created Every Day in 2023?," *Techjury* (blog), February 27, 2023, https://techjury.net/blog/how-much-data-is-created-every-day/.

4 Al-Halbali, *The Three That Follow to the Grave*.

5 Arab Social Media Report, "Twitter in the Arab Region."

6 Bessi and Ferrara, "Social Bots Distort the 2016 U.S. Presidential Election Online Discussion."

7 我應該要說明，我們研究當時，Du3a每小時就會貼一次文。現在似乎降低了頻率，變成每兩個小時一次。

8 在這麼錯綜複雜、追尋永生的思想體系中，超人類主義者也只擁護其中之一。其他自稱「不死學家」，有些喜歡自稱「離熵主義者」（extropianist）。如須詳盡廣泛的介紹，瞭解這些不同的運動是如何拼湊在一起，以及「心智上傳」夢想是如何與其他延長生命的科技相關聯，請見民族誌Farman, *On Not Dying*。不過這個觀點並非本書目前要關注的重點，所以我不會多談。

從這個港埠啟航離開。因為在資訊社會，死亡和死者都突然成了那些他們在現代不能成為的東西，他們目前現身，之後還會繼續到處現身：手機、社群媒體、伺服器。他們的面孔從螢幕上回瞪著我們，就像納圖芬人敷了石膏的頭顱。就像羅蘭巴特《明室》的照片，都消失了，但又顯然在那裡，似乎不可能躲藏。套句皮爾森的話，死亡不再是生的對立，只是持續存在中的一個階段而已。

與死者的現代處理方式分道揚鑣，此舉是研究此議題的社會科學家最常見的發現，雖然不是每次都明確地說是與現代性分道揚鑣。死者再也不受限於醫院或墓園，而是繼續留在我們之間，就在日常生活的空間裡。與現代理想的「獲得結束」和「讓死者好走」等哀傷的最終目的大相逕庭，研究員現在談論的是「持續性連結。人與人之間的關係不會因死亡而終止，而是因死亡而轉變，變成「擬社會」關係，意味著死者會持續是生活中的參考，甚至是通訊的預期接收者。如同卡斯凱特描述的，除了別的，死者也持續存在他們的社群媒體，即使肉身早已消亡多時。

我們最好早點習慣這類型的死後互動，畢竟接下來三十年內預期會有二十二億人死亡。如果網際網路普及率持續以目前的速度上升，這群死者大多數都會留下某種線上存在。正如我會在下一章詳加討論的，甚至只要四十年，臉書上的死者確實會超過生者的數量，代表我們每天溝通的地方愈來愈「擬社會」。布魯內蒂、湯普森、傑佛遜等人要大失所望了，馬雅可夫斯基的蒸汽船似乎已經失速，被拋棄的乘客正開始爬回船上。就像當初決定把他們丟下船，現在他們回到船上，我們要如何處理也是政治問題。

47 Lyotard, *The Postmodern Condition.*

48 容我說清楚講明白，我當然不是第一位觀察到死者線上存在的研究員，這是研究文獻最常提到的觀察。不過我的論點還是有其獨到之處，也就是把這種新存在放在文明改變的描述框架下，過程涉及全體社會，而不只是遺族。死亡和死者不是病態好奇或哀傷的邊緣概念，而是社群世界的基礎類別。如要參考更多觀察死者線上存在的論點，參見 Walter et al., “Does the Internet Change How We Die and

家參考。還有許多法律學者，尤其是阿斯頓大學的哈賓納，已經分析了法律現況並提出描述性和指示性兩種分析。名單怎麼列也列不完，這些都是非常有價值的貢獻。但是我們都從科技顛覆的角度來看這些貢獻，例如首度出現的房屋，顯然岌岌可危的不僅僅是把數位資產傳給子女的迅速流暢，也不是哀悼者在社群媒體上如何表達自我。如果死者打造文明，那麼他們的存在如果有任何改變，當然也會重構文明。第一批新石器時代定居者徹底改變了人類社會，甚至改變了我們對身而為人有何意義的詮釋。同樣地，網際網路日益成為我們「居住」其中的東西，我們這麼做不只會改變我們與同居者——死者——的關係，（如果死者「打造文明」）還會改變我們與所有人類代間計畫的關係。一問及該如何處理線上死者，誰該被視為合法的利害關係人就會因此改變。

45 因為書寫文字、照片等發明，在和吉爾伽美什一樣古老久遠的追尋中，顯然數位科技是最終章：一趟令死者與其生物限制脫鉤的追尋。看起來資訊科技好像提供我們人工身體，材料可以是石頭、文字、紙張，或任何其他材料，只要最適合乘載我們想留存的資訊即可。我們與死者關係的數位顛覆，只不過是留存資訊的超有效方式，這是我們與過去不斷開展的關係中最新的一章。即使是與數位死亡相關最稀奇的社會現象都有古老的根源，像是把網路常見且經常記錄的概念化視為他界空間，在那裡我們依然可以透過溝通來接觸死者。卡斯凱特之前發現，臉書亡故用戶動態時報上的貼文約百分之七十七都直接和死者說話，使用短句如：「我知道你正在讀這一則」或「抱歉，我有陣子沒和你打招呼了！」雖然卡斯凱特強調這不必然代表臉書用戶真的相信亡者可以讀他們的貼文，但這行為本身無可否認附和了古埃及認為書寫可以超脫生者世界，也重複了電報、電視等更近期的科技。

46 然而火化爐本身可能和數位科技的來臨一點關係也沒有，卻提供了絕佳觀點，透過這個觀點可以理解文化、政治版圖——我稱之為「生人體系」——在其中，目前死者的顛覆正在發生。這個體系是討論的背景，我們要依此來詮釋與死者相處之道的數位顛覆。我們就是要

26 Sconce, "Haunted Media," 28.

27 這個引文資料我同樣得自 Harrison; 參看 *The Dominion of the Dead*, 39.

28 Laqueur, *The Work of the Dead*, 502.

29 Laqueur, 493.

30 Troyer, *Technologies of the Human Corpse*, 28.

31 Ariès, *Western Attitudes toward Death*.

32 Ariès, 87–90.

33 Bauman, *Mortality, Immortality, and Other Life Strategies*, 137.

34 Jefferson, *Political Writings*, 593.

35 Laqueur, 493.

36 Marx, *Eighteenth Brumaire of Louis Bonaparte*.

37 這首詩的英文翻譯請參考：https://www.marxists.org/subject/art/literature/mayakovsky/1917/slap-in-face-public-taste.htm.

38 Burke, "Reflections on the Revolution in France."

39 Burke, 80.

40 Niall Ferguson, "Why the Young Should Welcome Austerity," *BBC News*, June 17, 2012, https://www.bbc.com/news/world-18456131.

41 Scruton, *The Meaning of Conservatism*.

42 此一觀點通常都認為來自庫伯勒－羅斯（Kübler-Ross）關於哀傷的經典著作《論死亡與臨終》（*On Death and Dying*）。

43 United Nations Department of Economic and Social Affairs, "World Population Prospects."

44 過去二十年來，來自不同學科的社會科學家已經探索過，數位科技如何影響我們與死者的連繫。不難理解，主要關注的一直都是對個別網際網路使用者的影響，這些使用者現在哀悼、死亡、在線上維持死亡狀態。科羅拉多大學博爾德分校人機互動學者布魯貝克和電腦科學家馬西米（Michael Massimi，目前在Slack任職）已經為設計師探索了意涵，並建議各種方法來促進一切，從分享哀傷、協商利害關係人的利益衝突，到數位資產的繼承。心理學家卡斯凱特研究了不停變動的哀傷模式、線上的失落表達，並勾勒其意涵供哀悼專

3 Gadamer, *Reason in the Age of Science*, 75.

4 對動物情緒更加精細的探索，請見 Bekoff, *The Emotional Lives of Animals*.

5 Harrison, *The Dominion of the Dead*, xi.

6 Harrison, 30.

7 Harrison, 72.

8 並非所有貝都因人都過著游牧生活。

9 Mustafa and Abu Tayeh, "Comments on Bedouin Funeral Rites," 13.

10 有關物質性不只是記憶、還包括時間的現象性之詳盡分析，請見 Hägglund, *Radical Atheism*.

11 Unamuno, *Tragic Sense of Life*, 138.

12 Mumford, *The City in History*, 6.

13 舉個例子來說明這些地標有多重要：試想英國巨石陣會被搬動，很可能是因為那些石頭代表了祖先。

14 Parker Pearson, *The Archaeology of Death and Burial*, 160.

15 Spellman, *A Brief History of Death*, 25.

16 Parker Pearson, *The Archaeology of Death and Burial*, 164.

17 注意，《吉爾伽美什史詩》有多個不同版本。第一章講述的其實不是最古老的版本，可是細節對要說明的重點幾乎沒有影響。

18 如要細看古埃及死亡與書寫之間的連結，請見 Jan Assmann, *Cultural Memory and Early Civilization: Writing, Remembrance, and Political Imagination*.

19 Ruin, *Being with the Dead*, 188.

20 如同海德格所說：「語言是存在之家，這個家裡居住著人類。」頁239。

21 Parker Pearson and Ramilisonina, "Stonehenge for the Ancestors."

22 Assmann, *Cultural Memory and Early Civilization*, 75.

23 Barthes, *Camera Lucida*, 12.

24 See Burns, *Sleeping Beauty*.

25 Hallam and Hockey, *Death, Memory, and Material Culture*, 141.

before-her-father-did/.

9 本書書寫期間，Eterni.me似乎用光資金而不在線上了。我會在第二章進一步討論。

10 Öhman, Gorwa, and Floridi, "Prayer-Bots and Religious Worship on Twitter."

11 See Nick Bostrom, "Transhumanist Values," https://www.nickbostrom.com/ethics/values.html; and Steinhart, "Survival as a Digital Ghost."

12 第四章會深入討論數位資料具有容易損壞的特性，如須資料留存議題的相關資訊，請見Whitt, "'Through a Glass, Darkly.'"

13 參看https://www.juniperresearch.com/whitepapers/iot-the-internet-of-transformation-2020.

14 弗洛里迪的概念在在《線上生活宣言》(*The Onlife Manifesto*)一書中有清楚說明。

15 Ruin, *Being with the Dead*, 195.

16 United Nations Department of Economic and Social Affairs, "World Population Prospects."

17 Whitt, "'Through a Glass, Darkly'"; Brügger and Schroeder, eds., *The Web as History*; Graham, Milligan, and Weingart, *Exploring Big Historical Data*.

18 Rosenzweig, "Scarcity or Abundance?," 737, 753.

19 Orwell, *Nineteen Eighty-Four*, 162.

20 Rothenberg, "Ensuring the Longevity of Digital Documents."

21 Kuny, "A Digital Dark Ages?"

第一章

引言：Harrison, *The Dominion of the Dead*; Cicero, *Orator*.

1 本章能提出這樣的問題，毫無疑問得益於Tony Walter's "Communication Media and the Dead: From the Stone Age to Facebook."

2 Laqueur, "The Deep Time of the Dead."

注釋

開場

引言：Laqueur, *The Work of the Dead.*

1 如同我在第一章說明的一樣，首批永久定居者和死者的存在，兩者之間是互惠關係。甚至有人主章定居會出現正是因為這樣離死者比較近。

2 若想瞭解新石器時代的埋葬文化，請見Michael Parker Pearson, *The Archaeology of Death and Burial.*

3 影響本書最深遠的就是哈里森的研究。如果我在接下來幾頁說了什麼重要的話，很可能原本都是哈里森的話語。尤其是Harrison, *The Dominion of the Dead.*

4 Laqueur, *The Work of the Dead*, 81.

5 Ariès, *Western Attitudes toward Death*, 85.

6 這數字是研究公司顧能集團（Gartner）二〇一六年的估計。參見 "Google Data Center FAQ," *DataCenter Knowledge*, March 17, 2017, https://www.datacenterknowledge.com/archives/2017/03/16/google-data-center-faq.

7 Lingel, "The Digital Remains"; Stokes, "Deletion as Second Death."

8 Kashmir Hill, "How Target Figured Out a Teen Girl Was Pregnant before Her Father Did," *Forbes*, February 16, 2012, https://www.forbes.com/sites/kashmirhill/2012/02/16/how-target-figured-out-a-teen-girl-was-pregnant-

Beyond
93
世界的啟迪

雲端亡魂

往生者的數位個資與AI時代的生命思考

The Afterlife of Data: What Happens to Your Information When You Die and Why You Should Care

作者	卡爾．歐曼（Carl Öhman）
譯者	傅文心
責任編輯	洪仕翰
文字校對	李鳳珠
內頁排版	宸遠彩藝
封面設計	陳恩安
行銷企劃	張偉豪
總編輯	洪仕翰
出版	衛城出版／左岸文化事業有限公司
發行	遠足文化事業股份有限公司（讀書共和國出版集團）
地址	231 新北市新店區民權路 108-3 號 8 樓
電話	02-22181417
傳真	02-22180727
法律顧問	華洋國際專利商標事務所　蘇文生律師
印刷	呈靖彩藝有限公司
定價	新台幣 480 元
初版 1 刷	2025 年 5 月
ISBN	9786267645147（平裝）
	9786267645130（EPUB）
	9786267645123（PDF）

ACRO POLIS
衛城出版
Email acropolisbeyond@gmail.com
Facebook www.facebook.com/acrolispublish

國家圖書館出版品預行編目(CIP)資料

雲端亡魂：往生者的數位個資與AI時代的生命思考 / 卡爾・歐曼(Carl Öhman)作；傅文心譯. -- 初版. -- 新北市：衛城出版，左岸文化事業有限公司出版：遠足文化事業股份有限公司發行，2025.05
(Beyond ; 93)(世界的啟迪)
譯自：The afterlife of data: what happens to your information when you die and why you should care.

ISBN 978-626-7645-14-7 (平裝)

1. CST: 資訊社會學　2.CST: 未來社會　3.CST: 科技倫理
4.CST: 死亡

541.49　114002510